厅里徽州

章望南 / 著

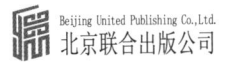

北京联合出版公司

目 录

1　　前　言

3　　徽州人与徽州文化
　　　——安徽中国徽州文化博物馆基本陈列

13　　国之礼·茶之道·百年谢裕大
　　　——谢裕大茶文化博物馆基本陈列

63　　天工巧作·雅饰徽雕
　　　——黄山徽派雕刻博物馆基本陈列

93　　家有仙茗在高山
　　　——黄山徽茶文化博物馆基本陈列

201　　茶香六百里
　　　——黄山太平猴魁博物馆基本陈列

217　　流光溢彩·华美可鉴
　　　——甘而可漆器艺术陈列馆基本陈列

229　　惠世天工·徽州木雕精品艺术陈列
　　　——铜陵市博物馆专题陈列

241　　后　记

前　言

日往月来，物换星移。千百年来，徽州走过了一条不寻常的道路，兴盛与衰微、辉煌与陨落、风丽与腥雨。许多事随尘烟而逝，许多事被历代传承。正是由于这些人和事才汇成了浩瀚的历史长河，铸就了现代的社会文明，成就了璀璨的徽州文化。

的确，徽州人那种秉笔直书的史学风范、高古雅致的艺术心灵、天人合一的哲学睿智、影响深远的科技发明以及知天、事天、乐天、同天的精神境界，不仅推动了徽州的社会历史进程，而且与敦煌学、藏学同称为三大地域文化，在中国文化中几经跌宕仍绵延不绝，这与它的文化传统和文化精神显然是密不可分的。

英国大哲学家培根说："读史使人明智。"徽州伴随着中华五千年的历史虽然已经迈进了新的时代，但是每当我们置身于这些展示陈列之中，耳旁都是金玉珠玑的历史回音，眼前尽现出的是琳琅满目的自然和历史胜景，或厚重或警醒或震撼或多彩，让我们回味也让我们深思。

对于徽州文化，古今中外的历史典籍、史学著作无不是汗牛充栋。但是如何在有限的时间和空间里尽览徽州文化的精髓，对于忙碌的现代人来说，并不是一件容易的事。因此，能够有所选择地聆听、观赏和阅读最具有代表性的徽州文化，最想知道的徽州历史，最想了解的徽州名人，最想浏览的徽州古迹，无疑是一些急于了解徽州的观众梦寐以求的事情，这就是我想写作这本《厅里徽州》的动因。毫无疑问，一些经典性的徽州文化展示形式已在厅内呈现于观众面前，但由于条件所限，原创的内容及形式却难以在厅内得到完整体现，因此在书中对展陈文本的保留显得尤为重要，除此之外，更多的是将文本及形式设计的融入，同时能使读者对博物馆的展陈策划过程也有个大致的了解，从而对展厅中的一些不足予以谅解。好在自己是徽州人，这些年又一直从事博物馆的展陈工作，专注徽州文化的基本陈列和专题陈列，虽说有了一点认识，但仍是捉襟见肘，难以满足读者需求。书中加入一些设计及实景展示图片，主要是考虑到有助于读者更轻松的阅读，愉悦地了解徽州文化。

  我深知，面对徽州文化这个浩渺的主题，这本书表达的不过是沧海一粟，旨在抛砖引玉，聊供博物馆展陈文本策划及徽州文化爱好者一读，仅此而已。

章望南

2016年4月18日

徽州人与徽州文化

——安徽中国徽州文化博物馆基本陈列

黄山市前身徽州，历史悠久，文化灿烂，人杰地灵，人文底蕴深厚，社会经济与文化高度繁荣，在中国历史上曾经占有重要的地位并产生过重大影响。徽州是中国封建社会后期儒家文化的圣地，徽州文化是传统中华文化的精彩缩影和典型代表。

安徽中国徽州文化博物馆为综合性博物馆，坐落在黄山市屯溪机场迎宾大道南侧，占地面积157亩，建筑面积14000平方米，展厅面积6000平方米。主体建筑设计是以开放性、多样性、社会性、高科技为追求目标，以天人合一为主导思想，以徽州文化为基本内容、徽州地理山水为背景、徽州建筑风格为基调的一组多功能综合建筑及徽派风景园林。具有功能合理、设施配套、布局有序、富有鲜明的徽州地方特色，并集旅游观光、徽州文化展示、收藏、研究、培训、非物质文化遗产演绎、交流为一体，是

市民和游人全面了解、生动体验徽州文化的重要场所。

安徽中国徽州文化博物馆由陈列区、收藏区、文化产业区、办公区和设备区组成。陈列区由基本展厅、专题展厅、报告厅等组成，也是一座集旅游、观光、购物、娱乐、休闲为一体的综合园区。

安徽中国徽州文化博物馆馆藏以原黄山市博物馆为基础，馆藏极为丰富，收藏有陶瓷、砚台、徽墨、书画、徽州三雕、青铜器、玉器、杂项、古籍图书、徽州文书等各种文物近十万件（册）。其中馆藏的歙砚、徽墨、新安书画、徽州文献是馆内的特色藏品。

安徽中国徽州文化博物馆基本陈列为《徽州人与徽州文化》。该基本陈列特色鲜明，内容丰富。由"走进徽州、天下徽商、礼仪徽州、徽州文化、徽州建筑、徽州科技"六大版块组成。

在基本陈列形式设计中，通过各个角度的思考，营造动静合宜的氛围，以期达到形式与内容的高度统一。

在展示区域的平面布局上，根据内容分布的结构层次进行安排，使每个展区既相对独立，又互有关联。设计上采用了以重点内容为中心的框架结构，开放展示空间，使得各个区域紧密地、有机地联系在一起。根据展览的节奏，在空间上进行疏密有致的组织，使观众能系统地、有节奏感地参观整个展览。

在参观路线的设计上，利用建筑本身的有利条件，合理设置过渡区，结合准确及时的引导系统，解决不利的因素，同时结合空间处理，使整个参观过程流畅自然；并关注其他周边设备、引导系统以及公共部位的设计，在各个部分运用材料本身的质感、色彩、体量感来体现展示内容，增强艺术表现力和感染力。

在总体设计及展项的策划中，始终把握的观点是"抓住主题，挖掘内容深度，合理利用多媒体技术，达到最好的展示效果"。

具体形式设计手法：

走进徽州：采用双层玻璃地坪表现徽州区域的单色地图，利用LED灯光做演示，结合120度环幕来介绍新安大好山水和徽州的古韵新貌，使观众有一个总体的感性认识，为后面的展览做好必要的引导和铺垫。在"徽州人与徽州文化"中，多媒体互动以及电子地图等展项有效地向观众讲述徽州人的由来、徽州"一府六县"格局的形成，以及徽文化形成的基本脉络。

天下徽商：徽商是中国明清两代最具实力和最有影响的商帮，有"无徽不成镇"的美誉，曾经在中国商界叱咤风云三百余年。而且，徽商是徽州社会历史全面高度发展的重要支点和徽文化崛起和繁荣的重要基础。这也是观众比较感兴趣的内容，这个版块展品相对丰富，至此场景化的陈列将全面展开，形成一个参观心理的高潮。场景式的陈列不但能最大程度地渲染特定氛围，延伸展示内容，浓缩更多信息以挖掘更深层次的文化内涵，同时一些融知识性、观赏性、参与性为一体的场景和多媒体演示相结合，更直观地把历史呈现在观众眼前，深入浅出地宣传徽商的创业精神，以启示后人再创辉煌。而有关徽商背后的女人的篇幅，我们则巧妙地选择了"庭院深深"的内景式场景，在一道又一道的门和庭院间，来展示徽州女人的品德才艺。

徽州教育：徽州是我国宗族文化的重要实践地，是宋以来中国理学的重要源头。中国传统儒学文化和传统伦理不仅对这里的社会生活产生了深刻的影响，而且还对周边地区乃至全国都产生了深远的影响。明清时期，徽州被誉为"东南邹鲁"，这里"人文郁起，为海内之望，郁郁乎盛矣"。社会风气崇文好儒。不仅文教昌盛，文化灿烂，人杰地灵，而且在科技、艺术和戏剧等众多领域都有非凡的成就。因此在陈列手法上选择了有机分段、多层次介绍的方法，每个空间区域相对独立，环境和展项有机

8 | 厅里徽州

徽州人与徽州文化 | 9

结合和统一协调，强调的是空间和环境，充分注重灯光的设计来烘托和渲染展厅的艺术氛围，结合多媒体展示技术为观众营造一个真实的环境。

徽州科技：明清时期，徽州科技进入空前发展的阶段，人才济济，群星辈出，涌现了一大批科技名流和能工巧匠，科技著作猛增，发明创造层出不穷。内容涉及医学、数学、天文学、地理学、物理学、农学、生物学和工程学等领域，取得了一大批领先全国的科技成果。在徽州科技的形式设计中，利用空间完成内容间的切换，并且合理利用过渡区域，完成展厅间的衔接。

徽州艺术：充满儒学的人文氛围和精致儒雅的生活孕育出徽州享誉全国的儒雅艺术和工艺品，如文房四宝、徽州三雕、新安画派、徽派版画、篆刻艺术等。这些艺术和工艺品不仅是徽文化的重要载体，而且具有很高的历史和审美价值。在设计这部分展厅时，陈列手段偏重于平实的功能性。以展品为主，使用一些徽州艺术的基本符号，配合知识问答，以及多媒体检索手段，力求详尽全面地展现徽州艺术的魅力。同时我们也充分注重灯光的设计来烘托和渲染展厅的艺术氛围，在重点区域做特殊照明处理，有效地突出了重点展品和图文内容，在为参观者提供最佳视觉效果的同时也更好地展示和保护了徽州的艺术瑰宝。

徽州建筑：徽州建筑不仅是徽文化的重要载体和徽商雄厚实力的象征，也是中国古建筑中独树一帜的乡土建筑，集建筑、书画和雕刻为一体的综合艺术，具有较高的科学、历史和审美价值。我们从学术的角度出发，重分析和重结构展示，在有机组合场景及建筑细部的同时，更多地着眼于建筑特征的描述。在重点区域做特殊照明处理，配合适当的陈列索引，更全面地呈现徽州建筑这一徽州文化的重要载体，使这门建筑、书画和雕刻为一体的综合艺术，更具审美价值。

通过上述形式设计表现手段，将内容与形式高度统一，帮助黄山人民更好地认识徽州，更好地了解家乡的历史文化和传统，增强文化认同感和爱国爱乡的情怀，激发建设黄山和再创辉煌的信心和热情；同时也使外来游客在黄山的历史文化、自然风光和经济社会发展中深刻地感受到徽州文化的魅力。

国之礼·茶之道·百年谢裕大

——谢裕大茶文化博物馆基本陈列

一、展陈基本定位

（一）基本情况

谢裕大茶文化博物馆建成开放9年来，逐步形成了以"参观、记忆、体验、购买"为主体的展示体验营销模式，为谢裕大文化形象的提升和发展做出了重要贡献。

目前博物馆主体参观面积约1500平方米，主要以实物展示、情景再造、图片文字展示三大类为主。涵盖内容主要为谢裕大茶行和谢裕大茶叶股份有限公司的发展历程、产品的环境及品质特点为展示内容。参观者可以在讲解员的引导下，逐步对黄山毛峰以及谢裕大品牌加深认识和了解。继而再通过品茶体验，促进购买决策。但随着时间的推进和参观者越来越多，现有场馆的展陈内容显得过于单一，展陈方式简单直白，展陈方式过于简单，给予参观者的感官刺激和冲击不够，同时内容和展陈思想未能和公司整体的发展战略同步。

随着新馆主体建筑的落成，希望在现有博物馆的基础上，通过科学细致的规划工作，确定博物馆的设立初衷和功能要求，实现博物馆的文化属性，成为茶叶文化的标杆性场馆。同时以文载销，实现社会效益和经济效益双赢。

此次展陈提升改造项目应充分体现安徽茶文化及谢裕大茶文化的博大精深和多姿多彩，使之成为企业文化的展示平台，要运用丰富的展示手段，适当加入多媒体、场景、模型、沙盘、电子图表等现代高科技辅助手段进行表现，并且要考虑到展览空间的限制、展品的支撑，以及资金等因素，因此，在展示内容上要强调突出徽茶和谢裕大茶文化的历史文化特点和优势。设计中需要确定展陈主题。在分部及单元内容的选择上，要彰显徽茶和谢裕大茶文化的重点和亮点，将黄山谢裕大茶文化在中国历史文化发展中最突出、最有影响、最有地域特色的内容以及观众可能感兴趣的东西，传达给观众，要与黄山旅游文化紧密结合，将观众主动融入到企业产品的互动之中。

（二）指导思想

展示茶叶文化，科普茶叶特点；

提高参观兴趣，学习茶叶知识；

展示企业实力，提升品牌形象；

展示生态环境，树立产品价值；

提升品牌美誉，促进产品销售。

（三）主要思路

1.从原有主体以谢裕大茶行和黄山毛峰发展过程为主线的陈列馆，升级为全面展示安徽茶叶历史文化优势及形象的博物馆，将企业品牌提升为一个制茶专业而非限定于一隅的企业。

2.展陈内容围绕历史、文化、民俗、生活、品质五个方面来科普茶叶的知识，同时对后续的购买决策产生影响。

3.通过生态环境、工艺安全及品质特点的呈现来引导参观者的购买选择。

4.通过临展区和学术汇报厅的设立,将原先单一为旅游服务的茶叶博物馆提升为文博序列中一个有文化、有内涵,既有销售体验又有文化承载的专业性综合博物馆。

(四)主要内容

1.重构"听、看、触、闻"的立体式展陈体系

(1)听——在正常讲解词外,在特定的区域中有其他声音的出现用以烘托氛围(自然音如鸟叫虫鸣,人为音如茶歌机器轰鸣,背景音如氛围音乐)。

(2)看——静态图片与动态视频相结合,平面视角和立体实物相结合,单一展示和整体展示相结合(生产加工的动态画面、茶园风光图片和移轴拍摄的视频相结合,实物场景和动态数字的参照)。

(3)触——互动体验的设计。通过互动设计增加参观过程中的乐趣(照片拍摄区、徽章征集区、采茶体验区、制茶体验区)。

(4)闻——气味是一种无形的标签和感官的刺激。正如很多星级酒店有自己的香味,中国人常说的闻香识女人。在闻到食物的味道时会不自觉地咽口水。茶香具有一种特殊的清香,既可以改善空气的味道,还可以起到潜移默化的品质宣传作用。

2.建立全面的服务支撑硬件体系

（1）设立票房接待区，用于咨询等。

（2）导游休息室和员工休息室。

（3）除常规展览外，设立临展区域，用于一些临时性展览以提升博物馆的文化属性。

（4）学术交流报告厅，用于茶叶或者博物馆系统的学术交流和茶文化课程的学习。

（5）综合性购物超市，用于扩充所售商品的品种和数量。

（6）在超市出口处设立休闲区，用来售卖即食食品。

二、展陈文本大纲结构设计

（一）谢裕大茶文化博物馆展陈内容的总体说明

谢裕大茶文化博物馆展陈内容设计方案采用和借鉴国内非国有博物馆的设计理念，遵循"参观、典型、生动、记忆、体验、购买"的原则，同时力求国有博物馆展陈的科学性、思想性、艺术性、观赏性、参与性、休闲性的和谐统一。

为了谢裕大茶文化博物馆展陈的内容设计与形式设计的衔接，鉴于谢裕大茶文化博物馆展陈形式的特殊性及馆藏文物的不足，根据谢裕大茶文化历史发展的时间顺序和展陈内容的逻辑顺序，在原谢裕大博物馆展陈的基础上，对新馆展陈内容做一定程度的调整，此次调整将强化谢裕大茶文化在不同历史时期产品的重点以及博物馆新址周边的园区环境；同时根据历史文献、地方志、社会征集所发掘的资料和谢裕大的馆藏文物，对展陈内容做出新的补充。

展陈内容设计的主导思想是在宣传弘扬谢裕大茶文化的框架内，设置相对独立的专题。

谢裕大茶文化博物馆展陈内容围绕"国之礼·茶之道·百年谢裕大"主题来展开。

展厅：

序厅：国之礼·茶之道·百年谢裕大

第一部分：茗香千年

第二部分：徽俗、文化、生活

第三部分：品牌探源

其他

（二）内容细化设计方案的具体说明

1. 展陈分为三级：一、部分；二、单元；三、专题。

2. 展陈中的"部分"和"单元"编顺序号，"专题"则按单元另编顺序号。

3. 展陈的"展标"分为三级："序厅"为一级展标；"部分"为二级展标；"单元"为三级展标；"专题"不设展标。展标文字应文辞优美，简洁明了，二、三级展标中避免文辞重复。

4. 展陈中采用独立展版的"说明文字"分为三级:"序厅"的"前言"为一级展版;"部分"仅有展标而无"说明文字";"单元"的"说明文字"为二级展版;"专题"的"说明文字"为三级展版;专题所含的展陈内容为四级展版。

5. 展版分为四级,在序号前冠以A、B、C、D加以区别。

一、二、三级为独立展版,仅有"说明文字";四级展版为混合展版,既有说明文字,也有图有表。

二、三级展版中,同一部分的同级展版须风格一致;四级展版可因展版内容而异。

6. "展徽"选用最具代表性或最精美的文物制成暗纹,应用于一级、二级、三级、四级展版和展品的展牌。

7. 凡展陈文字中出现的冷僻字、多音字等一律加注汉语拼音。

(三)谢裕大茶文化博物馆展标分级一览表

展示面积	部分·单元	展 标	展标分级
	序 厅	国之礼·茶之道·百年谢裕大	一级
	第一部分	茗香千年	二级
	第一单元	茶史溯源	三级
	第二单元	茶区大观	三级
	第三单元	茶韵飘香	三级
	第二部分	徽茶之光	二级

续表

展示面积	部分·单元	展 标	展标分级
	第一单元	徽茶流芳	三级
	第二单元	徽茶之道	三级
	第三单元	徽茶与艺术	三级
	第四单元	徽茶与生活	三级
	第五单元	徽茶逸事	三级
	第三部分	裕大辉煌	二级
	第一单元	茗香天成	三级
	第二单元	制茶有方	三级
	第三单元	怡情清心	三级
	第四单元	精工细作	三级
	第五单元	明志惟扬	三级
	结　语		一级

序　厅

展标：国之礼·茶之道·百年谢裕大

说明："序厅"是整个展览的灵魂，也是博物馆的文化客厅，所以要注重"序厅"的设计，尤其是要选取"谢裕大"典型的地理、历史或文化元素，通过艺术化的设计，营造具有"谢裕大"地域特色和"谢裕大"文化特点的展示氛围和风格，从而突出"谢裕大"博物馆的主题……

传播提示："序厅"是陈列的起点，设计时应该是主体突出，造型震撼，构思新颖，给人以丰富的想象空间……"序厅"可以采用主题墙形式或透明玻璃的"屏风"，"序厅"也可以采用徽派风格的"照壁"等形式。总之，"序厅"部分的设计，原则上应该以艺术创作为主，同时考虑内容及材质等……

序厅形式设计参考内容

徽茶赋

徽茶兮，其名久矣。唐圣陆羽，茶经诵扬；琵琶行神曲妙唱，茶酒论寓意沧桑。先春大方白茶，松萝软枝茗芳；黄山毛峰，祁红屯绿；美名美誉，耀古辉今……徽茶矣，人间瑞草兮，天籁赐赏！

徽茶兮，其品多矣。茶有百种，品而无量；歙州方茶柔润肠，新安含膏汤匀光。莲心紫霞有名，雀舌嫩桑品上；珍眉熙春，有柔有刚；祁山乌龙，甘润绵长……徽茶矣，绝世清纯兮，甘苦德芳！

徽茶兮，其工精矣。明前蛰后，社前露香；嫩芽抽早纤手摘，竹篓香绕巧焙烘。素手炒制风味，揉搓烘焙清香；嫩度定质，条索观状；色泽考艺，整碎评芳……徽茶矣，艺精工巧兮，妙手传扬！

徽茶兮，其形美矣。纤嫩含碧，芽叶拥翠；锋苗秀丽雀舌长，扁如剑兮卷螺香。细如银针弯眉，鹰爪林立旗枪；珠蕊情开，云雾绽放；百媚姣姿，仪态万方……徽茶矣，美轮美奂兮，神怡心旷！

徽茶兮，其色秀矣。色泽绿润，银毫披霜；山泉冲瀹碧成汤，仙姿缥缈馥郁香。祁红艳似琥珀，猴魁清澈明亮；毛峰清高，淡绿微黄；花茶色丽，袭人芬芳……徽茶矣，绝代秀色兮，情趣绵长！

徽茶兮，其香妙矣。茶乡茶艺，国茶天香；似麝似兰凝素瓷，非梅非菊满庭芳。草香花香清香，果香栗香蜜香；干嗅清雅，湿闻韵长；千变万化，隽永醇香……徽茶矣，香韵天成兮，四季流芳！

徽茶兮，其味醇矣。玉露生液，甘霖包浆；冲泡煮煎饮滋味，香清甘润品悠扬；汤鲜碧嫩爽口，雅韵浓酽绵长；汁含百味，寓意沧桑；齿颊留芳，胸臆挹爽……徽茶矣，美滋美味兮，人间同享！

徽茶兮，其效绝矣。喉咽玉乳，舌留余甘；富维生素矿物质，有茶多酚茶多糖。涤烦疗渴祛暑，清火降躁目朗；杀菌解毒，除腻滤瘴；提神益思，三降三防……徽茶矣，修身养性兮，悦志安康！

徽茶兮，其道大矣。精行俭德，寰宇敬仰；清寂廉美静俭雅，人生三味禅茶香。包融释儒道佛，崇尚仁德礼义；茶艺茶道，流传兴畅；德品艺境，和谐为上……徽茶矣，传火添穰兮，光大弘扬！

徽州茶人

前　言

　　说明：前言是基本陈列的前导和切入点，是整个陈列展览的概述；前言的位置在展厅入口处（也就是序厅的位置）……所以，建议"前言"采用"赋"、"诗"、"词"或其他艺术表现形式……

　　传播提示：前言的作用是：一方面，通过它观众可以了解陈列展览的基本内容；另一方面，它是通向陈列展览的一扇大门。所以，文字要求优美、精练、总结性强。既短小精悍，又生动且有感染力……

　　中国是茶的原产地，也是世界上最早发现和利用茶树的国家。茶与咖啡、可可并称为世界三大饮品，是三大饮品中最健康的饮品。

　　天下名山，必产灵草，江南地暖，故独宜茶……黄山既有宜茶的自然环境，又有宜茶的人文环境。历史上的古徽州，钟灵毓秀，资源丰富；气候温润，土地肥沃；商贸达盛，物阜民丰。尤其是茶叶经济和茶文化产业，为当地绵延持续的经济、文化发展做出了积极的贡献。

　　徽州人在长期的种茶、制茶、饮茶以及贸易的过程中形成了独有的风格和特点，同时也孕育了具有典型地域特色的徽茶文化，而在徽商的群体之中，"谢裕大茶行"的创始人谢正安，因创制黄山毛峰茶而被载入《中国茶经》及《徽州志》，并成为了中国茶界的儒商代表。时至今日，被誉为中华老字号的谢裕大茶行已经遍布全国，作为徽茶的杰出代表，谢裕大品牌业已成为茶界之翘楚，而肩负着弘扬茶文化使命的谢裕大人，将在可持续发展的道路上引领徽茶走向全球。

第一部分　茗香千年

传播提示：淮河文化、皖江文化、徽州文化，它们共同构成了安徽文化。而茶文化贯穿于历史、地域和各种文化中，衍生出了包容性极强的安徽茶叶文明史。此处主要展现安徽茶叶的历史悠久和繁荣。通过地缘文化的交融特性，让更多的参访者在了解深厚的茶历史积淀的同时，引发更多饮茶文化和方式的共鸣。

展示及表现形式：在设计这一版块时，应注意安徽茶叶内容，它可以作为设计中的一个重要元素……本单元应设置展柜，展示茶并介绍安徽茶叶的绘画、典籍、书刊等，如《茶经》、《中国茶经》、《茶叶全书》、《安徽茶经》、《徽州茶经》……

支撑材料：展版、实物、文献档案、图片、声像资料、辅助展品、模型、沙盘、灯箱片、布景箱、数字投影……

本版块通过时间的脉络，展示中国及安徽大地的茶叶历史概况。内容包括以下细分版块：

第一单元　茶史溯源

饮茶在我国有着源远流长的历史。

赋予茶文化，是人类参与物质、精神创造活动的结果。

据传早在四千多年以前，我们的祖先就已将茶当作食物来利用了，在长期食用的过程中，人类认识了茶的药用功能。史料记载，秦汉之际，民间把茶当饮料，起始于巴蜀地区。东汉以后饮茶之风向江南一带发展，继而进入长江以北。

秦汉之际至魏晋南北朝时期，饮茶的人渐渐多起来。有不少古代典籍描述了茶的药性。当时人们认为茶的药物作用主要有悦志、益思、少眠、轻身、有力、明目、醒酒的功效。三国时期又明确提出了茶有助消化的功能，其作用十分明显。

总而言之，茶最突出、最强烈的功能就是使人兴奋，这正是茶从食物经过药物阶段转变成饮料的决定性因素，于是茶便从羹饮，即作为汤来食用逐渐转化成作为饮料来饮用。

茶由食用到药用到饮用的逐渐变化过程，也是人类对茶的认识的逐渐深化的过程，在这一过程中，人类逐渐忽略了茶的那些不突出、不重要的功效，把握了茶能"令人兴奋"的最突出、最重要的功效，并根据这种特

殊功效采用了"饮用"的方式，于是茶在中国终于成为了一种饮料。

神农艺术雕像

陆羽艺术雕像

1.茶字的演变和形成

在秦代以前，中国各地的语言、文字还不统一，因此茶的名称也众说纷纭。据唐代"茶圣"陆羽的《茶经》记载：茶有荼、槚、蔎、茗、荈等名称。自《茶经》问世以后，"荼"字减去一横，称之为"茶"。茶字的定形至今已有一千余年的历史。

2.茶者，南方之嘉木

（1）"茶者，南方之嘉木也。""茶圣"陆羽给予了茶清晰、深刻的概括与赞赏。中国的茶文化源远流长，从神农尝百草开始，茶历经了无数个朝代，也见证了历代的荣辱兴衰，因而具有悠远深邃的底蕴和内涵。几千年来，茶在世人的眼中，因品性而多姿，因蕴香而馥郁，因气润而清雅，因内敛而神秘……

（2）千百年来，茶不仅是人们用来提神、解渴的饮品，同时还包含了中国人的礼仪与情感，所以，茶在人们的生活中似乎是不可或缺的。而修茶道、学茶艺、解茶经，则成为了人们休闲生活的重要内容。

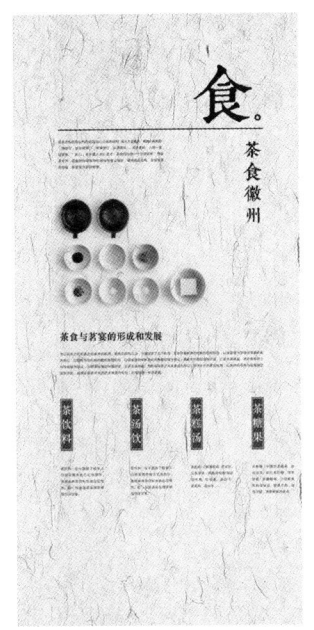

3.茶为万病之药

（1）唐代药学家陈藏器在《本草拾遗》中曰："诸药为各病之药，茶为万病之药。"而关于茶的药理功效及药用作用，历代医书多有记载。

（2）唐代陆羽在《茶经》中称茶可"涤烦"，宋代苏轼在《东坡杂记》中称茶能"除烦"，元代忽思慧在《饮膳正要》中称茶可"清神"，明代李时珍在《本草纲目》中称茶能"使人神思闿爽"，清代王孟英在《随息居饮食谱》中称茶能"清心神"；此外，还有称茶能"破孤闷"等功效。由此可见，"药食同源"的茶叶不仅有治疗作用，还有强身之效。

4.器为茶之父（此专题以实物陈列为主，介绍各类质地茶器）

（1）好茶需好器、好水。茶滋于水，水籍于器；水为茶之母，器为茶之父。

（2）唐人陆羽《茶经》记载：茶器有二十五种，可分为碗、盏、壶、杯等几类。

选择何种茶具为佳，可根据生活习惯、审美观念及所处环境，以方便适用而各取所需。如茶具"景瓷宜陶"。

（3）杯形茶具，呈直筒状，如土陶茶碗、建窑黑釉盏。

（4）盖碗茶具，有碗，有盖，有船，造型独特，制作精巧。茶碗上大下小，盖可入碗内，茶船做底承托。如白瓷盖碗。

5.茶食徽州

（1）茶食：茶食是包括茶在内的糕饼点心之类的统称，在《大金国志·婚姻》就载有："婿纳币，皆先期拜门，亲属偕行，以酒馔往……次进蜜糕，人各一盘，曰茶食。"而在人们的心目中，茶食只是一个泛指的名称。在茶界，茶食是指用茶掺和其他可食之物料，调制成茶菜肴、茶粥饭等茶食品，即是指含茶的食物。

（2）茶点：黄山烧饼：皮酥且口味独特，香、甜、辣、酥、脆。入口香味浓烈，既酥又脆，层层剥落，满口留香，有"薄如秋月，形似满月，落地珠散玉碎，入口回味无穷"之誉。由于烘烤时间长，饼中水分大多蒸发，利于贮存，一旦受潮，烘烤后依然酥香如故。

徽州茶干：是徽州风味小吃，也是传统特产。以配料讲究、制作精细、色香味美而著称。徽州茶干既是品茗之佐餐，下酒之佳肴，也是馈赠亲友之佳品；味美适口，老幼皆宜。

徽墨酥：古徽州人崇尚传统文化，重视科举教育，把点心做成徽墨式样，寓意是吃了徽墨酥点心，也就等于吃了"墨水"，而肚子里有了墨水，就有可能中举考状元。

（根据展示需要进行增减）

第二单元　茶区大观

中国茶区分布辽阔，东起东经122度的台湾省东部海岸，西至东经95度的西藏自治区易贡，南自北纬18度的海南岛椰林，北到北纬37度的山东省荣城县，东西跨经度27度，南北跨纬度19度。地跨中热带、边缘热带、南亚热带、中亚热带、北亚热带和暖日温带。在垂直分布上，茶树最高种植在海拔2600米高地上，而最低仅距海平面几十米或百米。

在全国21个省、区的上千个县市，生长着不同类型和不同品种的茶树，从而决定着茶叶的品质及其适制性和适应性，形成了一定的茶类结构。

国家一级茶区分为4个，即江北茶区、江南茶区、西南茶区、华南茶区。

1.安徽茶叶产区：安徽茶叶产区处于中国茶树适生区域的东北部，分布于长江南北的山区和丘陵地带；尤其是在亚热带季风气候的山区，云雾多，昼夜温差大，有利于茶树有效成分的积累，茶叶品质优异。安徽茶区依地势、气候、土壤和茶树生产特点，分为四个茶区：黄山茶区、大别山茶区、江南丘陵茶区、江淮茶区。

2.安徽名茶产区：大产地分布——现代划分（电子沙盘）黄山毛峰产区分布、祁门红茶产区分布、太平猴魁产区分布、六安瓜片产区分布。

3.四大传统茶区：徽州区、歙县、黟县、祁门县、六安市。

第三单元　茶韵飘香

安徽名茶在国内、国际上都享有很高的声誉。1959年，安徽的黄山毛峰、祁门红茶、六安瓜片、太平猴魁均入选"十大名茶"行列。

安徽茶叶以绿（黄山毛峰、太平猴魁、六安瓜片）、红（祁门红茶）、青（祁门安茶）、花（茉莉、珠兰、菊花茶）四大类茶叶为主，充分地满足了不同地域和饮茶人群的需求，这也为安徽茶叶走向全国、出口

世界奠定了坚实的基础。

1.茶的传播和影响

中国茶叶通过陆路和海路向世界传播并产生了世界性的影响。

唐五代时期，中国茶叶传入朝鲜半岛和日本，通过茶马古道和丝绸之路，传入中亚、东北亚、南亚以及东罗马。

宋元时期，中国茶叶传至欧洲、非洲等六十多个国家或地区。

明清时期，中国茶及饮茶风气沿陆路继续向世界各地传播，而通过海路甚至传到了美洲、澳洲。

从18世纪开始，中国饮茶的习俗在全世界得到了普及。

2.安徽名茶销售分布示意图

唐宣宗年间茶叶产销表

宋代年间徽州茶叶产销表

3.中国十大名茶

（1）黄山毛峰

黄山毛峰是清代光绪年间谢裕大茶行所创制（《徽州商会资料》）。创始人谢正安（字静和）歙县漕溪人。1875年清明时节在汤口、充川等地，登高山茶园，采肥嫩茶芽，精细烘焙，取名"黄山毛峰"，远销东北、华北一带。

（2）太平猴魁

产于黄山市黄山区太平湖畔的猴坑、猴岗一带。这里依山傍水，林茂景秀，湖光山色，交融辉映。具备得天独厚的生态环境，此地所产的鲜叶，制茶质量最优。

（3）祁门红茶

祁门红茶，是我国传统功夫红茶的珍品。由于祁门自然环境优越，茶叶品质好，其内质香气独树一帜。

国外把"祁红"与印度大吉岭、斯里兰卡乌伐季节茶，并列为世界公认的三大高香红茶。并称祁红这种地域性香气为"祁门香"，誉为"王子茶"、"群芳最"，赢得国际市场高度评价。

（4）六安瓜片

六安瓜片在中国名茶中独树一帜。从采摘到制作有独到之处，品质也别具一格。1905年前后，产于六安、金寨、霍山三县毗邻山区和低山丘陵。内山的金寨响洪甸、龚店，裕安区以独山、霍山县的诸佛庵一带为茶叶质量最佳。齐头山所产"齐山名片"为六安瓜片之极品。

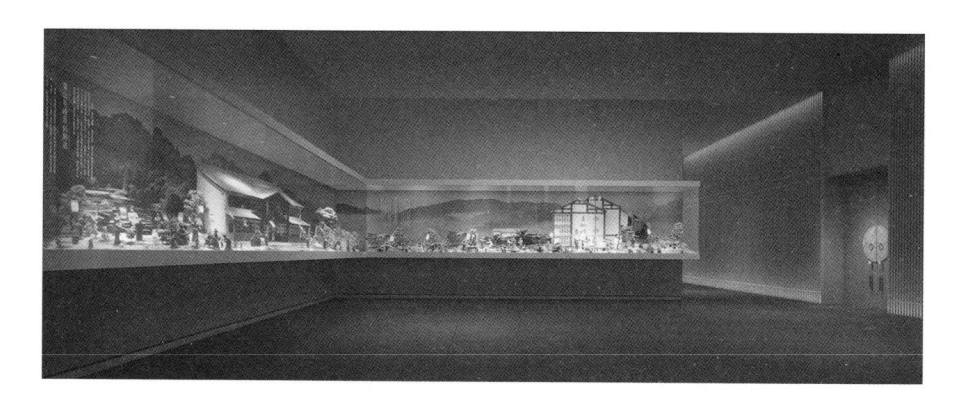

（5）祁门安茶

祁门安茶是一种后发酵的黑茶（安徽唯一的黑茶）。与红茶和绿茶的制法不同。一般是在清明至谷雨期间采摘制作，制作时连梗带叶经晒萎凋后，稍加揉捻，制成毛茶，待当年的8月份白露时节，进行蒸晒、夜露等十多道工序，最后压紧装在小竹篓内（每小篓装茶3斤，每大篓装20小篓），再放入烘箱内烘干，使凝结成椭圆形块状，即依竹篓容量成型。

（6）茉莉花茶

茉莉花茶，又叫茉莉香片，属于花茶，已有一千多年历史。茉莉花茶因其茶香与茉莉花香交互融合，所以有"窨得茉莉无上味，列作人间第一香"的美誉。

徽州茉莉花茶在清朝时被列为贡品，有一百五十多年历史。

茉莉花茶是将茶叶和茉莉鲜花进行拼和、窨制，使茶叶吸收花香而成的茶叶，经过一系列工艺流程窨制而成的茉莉花茶，具有安神、健脾、抗衰老等提高机体免疫力的功效，是一种健康饮品。

（7）珠兰花茶

珠兰花茶清香幽雅，鲜爽持久，是中国主要花茶品种之一，主要产地是安徽歙县等。珠兰花茶的历史悠久，早在明代时就有出产，珠兰花茶主要选用黄山毛峰、徽州烘青、老竹大方等优质绿茶作茶坯，混合窨制而成的花茶；因其香气芬芳幽雅、持久耐贮而深受消费者青睐。

（8）黄山贡菊

黄山贡菊也称"贡菊"、"徽州贡菊"，又称徽菊。与杭菊、滁菊、亳菊并称中国四大名菊。因在古代被作为贡品献给皇帝，故名"贡菊"。盛产于黄山、清凉峰以及歙县、休宁等地，其生长在得天独厚的自然生态环境中，品质优良，色、香、味、形集于一体，既有观赏价值，又有药用功能，被誉为药用和饮中之佳品，是黄山著名特产，驰名中外。

（9）西湖龙井，产于浙江杭州西湖区。中国十大名茶之一。

（10）碧螺春，产于江苏吴县太湖的洞庭山碧螺峰。中国十大名茶之一。

（11）信阳毛尖，产于河南信阳车云山。中国十大名茶之一。

（12）君山银针，产于湖南岳阳君山。中国十大名茶之一。

（13）都匀毛尖，产于贵州都匀县。中国十大名茶之一。

（14）铁观音，产于福建安溪县。中国十大名茶之一。

（15）武夷岩茶，产于福建崇安县。中国十大名茶之一。

4.多媒体触摸屏资料

（1）黄山毛峰

（2）祁门红茶

（3）太平猴魁

（4）六安瓜片

展品组：见展厅实物

第二部分　徽茶之光

传播提示：名茶有佳话，徽茶故事多。安徽茶叶从走向全国的那天起就和众多的名人、政客、专家、学者、各国元首结下了不解之缘，这也是徽茶屹立于民族茶林中的重要原因。名人效应可以拉近不同地域、不同文化、不同背景的人对徽茶的距离。

展示及表现形式：在这一版块里，可设置图片墙、名人雕像（单体或群组）、动态图板来展示安徽名茶与艺术、生活、名人、专家、学者、各国元首的不解之缘……

支撑材料：展版、实物、文献档案、图片、声像资料、视频、数字投影……

传播目的：通过各单元的介绍，让参观者可以较为全面地了解徽茶的作用和价值。从一定程度上接受徽茶，肯定徽茶，为之后的消费选择奠定基础。

第一单元　徽茶流芳

徽州自古是蜚声中外的名茶产区。

徽州产茶，最早可追溯到唐代。茶圣陆羽撰写的世界上第一部《茶经》中，就有"歙州茶"的记载。

线装书版式

唐乾元元年（758年）左右，陆羽撰《茶经》，"盖为茶著书，自其始也"。《茶经》明确提出"歙州茶"。

唐大中年间（847—860年）杨晔《膳夫经手录》记载："歙州、婺州、祁门方茶制置精好，不杂木叶，自梁、宋、幽、并间，人皆尚之，赋税所入，商贾所赍，数千里不绝于道路。其先春含膏，亦在顾诸茶品之亚列。"

五代十国时，《旧五代史·梁史》卷六记载："乾化五年（915年）十二月，两浙（辖歙州）进大方茶二万斤。"

宋淳熙年间《新安志》记载："凤凰山，在县北十五里，高三十仞，周十里。尝有凤集于此。旧产茶，岁采制不过三、二斤。熙宁年间（1068—1077年），丘寺丞名之为甘白香。"

明弘治十五年《徽州府志·土产》记载："近岁茶名细者有雀舌、莲心、金芽，次者为下白、为走林、为罗公，又其次者为开园、为软枝、为大号，名号殊而一。"

清《歙县志》记载："毛峰，芽茶也，南者陔源，东则跳岭，北则黄山，皆产地，以黄山为最著。色香味非他山所及……光绪中，出口称盛，产亦递增。"

1.徽茶创制人物造像

僧·大方

据《歙县志》记载："明隆庆年间（1567—1572年），僧大方住休之松萝山，制法精妙，郡邑师其法，因称茶曰松萝……"歙县茶虽"本轶松萝上"，因系仿松萝制法，也概名松萝茶。与松萝山毗邻的歙县北源茶，又称为北源松萝，以享其名也。

闵汶水

明末时，休宁人闵汶水创作"闵茶"，以花香闻名，清初陈淏子在《花镜》中解释道："闵茶，以松萝杂真珠兰焙过。所以说，闵茶是一种窨花茶，茶性甚淫，梅花、茉莉、玫瑰、木樨，随拌随染其香矣。1638年，张岱慕名拜访闵汶水后，写下了著名的《闵老子茶》。

谢正安

字静和，光绪元年（1875年），他带领家人到黄山充头源茶园选采了一批肥嫩芽叶，进行精心制作，制出一种形似雀舌、汤色清冽、芳香沁人的新茶叶，因其"白毫披身，芽尖似峰"而命名黄山毛峰。

王魁成（1861—1909年）

人称王老二，祖籍庐江；1860年父避战乱迁居猴岗，以种茶、制茶、卖茶为业。1900年，他以猴岗凤凰尖浮水宕为基地，创制出"王老二奎尖"，备受茶商喜爱，后被命名为太平猴魁。

余干臣

名昌恺，徽州黟县立川人。光绪初年罢官归里，仿闽红的制作方法试制红茶，次年到祁门开设茶庄，制成红茶成功；后又反复探索钻研，提高制作质量，终使祁门红茶走俏市场。

胡元龙

字仰儒，徽州祁门南乡人。胡元龙于清咸丰年间，在家乡开辟荒山种植茶树，自制干茶。后因绿茶滞销，于光绪元年（1875年）建胡日顺茶厂，雇请宁州茶工按制作"宁红"经验改制红茶。

2.茶商茶号

明清时期，是徽商与徽茶称雄的年代。当时，中国茶叶输出进入快速增长期，徽商抓住了这一机遇，"漂广东，发洋财"，开创了三百年徽商徽茶共存共荣的盛世……徽州茶商善于审时度势，根据市场需求，不断改进制作方法，创制出许多新的茶品，从而给徽州的茶叶生产和贸易带来了新的生机，同时也使自己从中获得了利益……

（1）徽州茶商

徽商雄峙商界几百年，业茶者为其中大纛，青史留名者，不计其数。而徽茶荣登中国茶史，其茶事也丰，茶商也众；其中不乏茶界名商……

1）"徽州茶商"特点

"徽州茶商"因在茶叶运销中的职能不同，大致可分为收购商、茶行商和运销茶商。

茶叶收购商人，有的地方称为"螺司"。他们向茶户收购毛茶，然后卖与茶行商人。

茶行商人的业务是代运销茶商收购茶叶，他们一般为经纪人，亦有兼营毛茶加工业务者。

运销茶商至产茶区贩茶，必投茶行，给验茶引，预付货款。

运销茶商大致有两种，运销"官茶"的称"引商"；运销"商茶"的称"客贩"。产茶区生产的茶叶，要先尽"引商"收买，然后方给"客贩"运销。

2）连环画形式表现

宋代徽商朱元经营茶业并四处贩运，崇宁元年遇蔡京废除通商法改禁榷法："禁止园户与商人的直接交易。"朱元因私贩茶叶有罪，因而下狱。

元代毕仁16岁便在庐州开设茶叶店。史料记载："毕仁运茶至庐州（今合肥一带）销售，获利丰厚，被推举为万户长。"

明洪武初年，徽州茶商邱启立，"偕诸侄联旺贩茶湖口，侄舟复，启立悬重赏救之，侄以货尽失，生不如死，启立遂以己茶一船予之"。这种能将整船茶叶资助别人的茶商，其资力的雄厚可以想见。

明末歙人汪伯龄曾贷资入蜀业茶。汪道昆《太函集》载：潜口汪伯龄"始胜冠韫从父入蜀，称贷以益资斧，榷茶雅州（今四川雅安）"，不久成了大茶商；致家中"坐客日集百余曹，四座常满。推牛结客以为常"。

许承尧的先世远赴居庸关从事贩茶活动。其在《歙事闲谭》中说："歙之巨业商盐而外，惟茶北达燕京，南极广粤，获利颇赡……吾许族家谱载，吾祖于正统时，已出居庸关运茶行贾。"

清代徽商谢高望，歙县富溪乡人。从1799—1874年开设"晋康"茶号并从事茶叶贸易；同时在皖北开设"永馨"、"新成"号茶庄……一直到儿子谢光云继承家业时，才改"晋康"为"裕大"。

王茂荫，字椿年，歙县人，清嘉庆三年（1798年）生于徽州茶商家庭。其祖父弃儒经商在北京做茶叶生意，曾在通州设森盛茶庄。王茂荫是清朝货币理论家、财政学家。马克思在《资本论》中提及的唯一的中国人。

谢正安，字静和，清宣宗道光十七年生，安徽省歙县人（今黄山市徽州区富溪乡），清四品候补官，为我国历史上最有名的茶商，也是黄山毛峰的创始人。史书记载：谢正安于1875年在漕溪创立"谢裕泰"和谢裕大茶行，1880年前往上海开设谢裕大茶行分行。谢正安毕生经营茶业，先后开设了谢裕大茶行以及茶叶加工厂、精制厂和花茶厂，他以德兴商长达半个世纪。

（2）徽州茶号

"徽州茶号"，经营茶叶，有茶行、茶庄、茶栈等多种类型。

"茶号"，犹如今天的茶叶精制厂，茶号从茶农手中收购毛茶，进行精制后运销。

"茶行"，类似牙行，代茶号进行买卖，从中收取佣金。

"茶庄"，乃茶叶零售商店，以经营内销茶为主，后期亦少量出售外销茶。

"茶栈"，一般设在外销口岸，如上海、广州等地，主要是向茶号贷放茶银，介绍茶号出卖茶叶，从中收取手续费。

1) 老照片或复原图

上海程裕新茶号：清乾隆二十八年（1763年），徽州人程有相在上海外咸瓜街创设程裕新茶号。道光十八年（1838年），其孙汝均在上海大东门外大街设程裕新茶号第一发行所。咸丰年间汝均孙光祖继承店业，于民国九年（1920年）又开办第二发行所。18年其后裔雨生、芑生又先后设第三、第四发行所。

北京张一元茶庄：清光绪二十二年（1896年），歙县人张文卿在北京花市大街摆设茶摊，光绪二十六年开设"张玉元"茶庄。光绪三十四年在前门外观音寺街开设了"张一元"茶庄，取意"一元复始，万象更新"之意。1912年又在大栅栏开设"张一元文记茶庄"。由于店址优越，经营得法，以质量上乘而声名远扬。

北京吴裕泰茶号：清光绪十三年（1887年），歙县人吴锡卿在北京北新桥大街的一个门洞里摆起了茶摊；1887年，吴老先生买下那个门洞改建成铺面房，算是正式开了茶栈。此后，茶栈的生意日益壮大，吴老先生就买下了大门洞后边的整座府第，以"吴裕泰"为总号，又先后在北京、天津等地开设了十余家分号。

泰兴胡源泰茶号：清咸丰年间，徽州绩溪人胡沇源来到江苏东台茶号任"水客"，负责采购徽州名茶，经营多年并积蓄资本后，于清道光年间在泰兴县开办裕泰茶号；清咸丰、光绪年间其子树铭在靖江、泰县分设胡源泰茶号。民国初年（1912年）至民国二十七年（1938年）其孙炳华、炳衡，曾孙增鑫等相率经营泰县、泰州和上海的胡震泰、胡裕泰、胡源泰茶号5处，并在杭州、淳安设茶叶采购栈4处。胡源泰茶庄经营至1956年公私合营止。

杭州汪裕泰茶庄：清咸丰元年（1851年），汪立政始做茶叶生意，其后经祖孙三代120年的努力，先后在上海、杭州、苏州等地创办茶庄、茶行、茶栈20余处，其中上海的汪裕泰茶庄最为著名。民国十六年（1927年）斥资百万在杭州西湖购地380亩构建汪庄，是继徽商胡雪岩豪宅之后又一杭州名园，毛泽东曾26次下榻这里。

2）场景复原

上海谢裕大茶行：清光绪五年（1879年），黄山毛峰创始人谢正安为了让黄山毛峰茶的生产、加工和销售成为"一条龙"的形式，他先后在屯溪等地设立了贩卖内销茶的洋庄茶号；在通商口岸的上海又增设了销售外销茶的土庄茶号；这样，内销和外销茶都得以兼顾。同时，谢正安还在上海开设了"谢裕大茶号"。洋务派领袖张之洞还为"谢裕大茶号"撰写了"诚招天下客，誉满谢公楼"的对联；可见当时谢裕大茶号的兴旺和繁盛。

（3）徽州茶人

组图

张志和（730—810年）

胡　仔（1110—1170年）

朱　熹（1130—1200年）

罗　愿（1136—1184年）

方　岳（1199—1262年）

朱　升（1299—1370年）

汪士慎（1686—1759年）

胡　适（1891—1962年），字希疆，安徽绩溪人。胡适出身在一个茶商家庭，当年他离开故乡上庄，去上海也是先在茶铺当伙计。胡适的父亲胡铁花在自撰的《胡铁花年谱》中这样写道："余家世以贩茶为业，先曾祖考创开万和字号茶铺于江苏川沙厅城内，身自经理，藉以为生。"胡适的一生与茶结下了不解之缘。

吴觉农（1897—1989年）

胡浩川（1896—1972年）

方翰周（1902—1966年）

3.茶务都会

五口通商以后，茶叶交易地点从广州转移到上海；婺、休、歙三县茶商以新安江运输方便，茶叶集中在屯溪设号精制得名"屯绿"。清嘉庆、道光年间，"屯绿"茶外销已显萌芽，茶叶运往广东出口，销往英、俄及美洲，声誉鹊起。故《清史稿·地理志》则称屯溪是"茶务都会"。

屯溪最早的茶号（茶厂）是歙县朱（搭山）、许（许村）、罗（溶溪）、谢（黄山）四大家族，首先在屯溪设号……"清咸丰元年（1851年），茶号（茶厂）收购茶农的毛茶，进行加工。"如谢氏家族还开设了"亿中祥"茶号等并收购了"紫阳居"茶号……

未见屯溪面，十里闻茶香。

踏进茶号门，神怡忘故乡。

《竹枝词》：

新安土物尽堪夸，摘了春茶又子茶。

最是屯溪商贾集，年年算得小繁华。

1875年，英国皇家学会亚洲分会的专家曾对中国茶区进行了一次全面调查。在专家开列的绿茶名目中，有一种英文名为Twankay的茶叶，该名字即来源于著名的徽州茶市——屯溪。Twankay意指为屯溪。

1901年，由休宁县商会会长、茶商吴俊德与屯溪茶商洪其相发起，建立了徽州六邑茶商联络同业组织茶务总会（民国后改为"茶叶公会"），会址设在屯溪。茶叶公会只办理日常事务，并不生产经营。

1910年，屯溪商界茶、钱两业捐地捐资创办崇正学堂，后徽郡太守刘汝骅疏请更名为徽州农业学堂。1929年改办普通小学，属屯溪茶号、钱庄两商公立小学，校名为"屯溪茶商小学"。

1940年，安徽茶叶管理处在屯溪成立，处长程振基，副处长胡浩川。同时，还创办了茶叶刊物《茶声》、《安徽茶讯》等，社址设在屯溪交通路49号。

1947年，成立于1924年的屯溪茶漆业同业公会改组，成立茶漆业和制茶业两个公会，由汪子嘉任茶漆业公会理事长，洪纯之担任制茶业理事长。

1）多媒体电子示意图

北京、广州、上海、苏州、武汉、杭州、营口

2）展品组：见展厅实物

第二单元　徽茶之道

徽茶茶道是通过品茶活动来展现古徽州的礼节、意境、美学观点和精神思想的一种行为艺术。徽州茶道的主要讲究五境之美，即茶叶、茶水、火候、茶具、环境等条件，以求"味"和"心"的最高享受。

徽茶的基本精神

徽州茶道讲究"和、敬、清、静"，以茶立德，以茶陶情，以茶会友，以茶敬宾；注重环境、气氛，以求汤清、气清、心清，境雅、器雅、人雅，是徽茶文化的重要组成部分。

第三单元　徽茶与艺术

琴、棋、书、画、诗、香、茶。茶在古往今来的艺术家生活中，都是不可或缺的。

作为一个可以延展出多种形式的具化物，茶在不同的艺术领域中都可以散发出强大的艺术魅力；而通过这些艺术形式和内容，可以让人们陶冶情操，怡心怡性……

1.茶与琴

听琴品茶，淡泊心境。琴乐追求和、雅、清、淡、柔、静的审美情趣。茶则是涵养了清、淡、静、和、真的物性。茶与琴性情相宜，品味佳茗，聆听妙曲，确是人生一大赏心乐事。"素琴挥雅操，清茗滤凡尘。"琴素、茶清，可以洗涤凡尘，陶雅情操。"琴里知音唯渌水，茶中故旧是蒙山。穷通行止常相伴，谁道吾今无往还。"白居易以琴、茶相伴的生活为乐。琴增茶之高雅，茶添琴之幽逸。

2.茶与棋

文人喝茶讲究"品"，茶之味无法用香、苦、涩、甘之类来概括，而在一"清"字，"清"得之于"心"，须在"静"与"闲"中品得。然棋之道，也正在于清幽淡雅中一解尘俗烦忧，"心游万里不知远，身与一枰相对闲"。可谓是"茶如人生，棋亦如人生"。

3.茶与书法

茶与书法都是东方艺术。书法能养心，清雅的文字，水墨交融，其意境、睿智体现出书者的主体意识和人文精神；品茶能体会清远、冲和、幽静的意境，进而冥想、省悟，达到澄心静虑和超凡脱俗的意境；茶与书法都吸收了中国传统文化的内蕴，都渗透着厚重的文化积淀并且相互影响。

4.茶与绘画

以茶为主题的绘画早在唐代就有不少画家的作品，历代茶画的内容多以描绘煮茶、奉茶、品茶、采茶、以茶会友、饮茶用具等为主。如将这些茶画作品汇集在一起，不失为一部中国几千年茶文化历史图录；同时又具有很高的欣赏价值。

5.徽茶与诗文

历代名人雅士，以徽茶为题，遣兴，交友，咏诗，作文，为徽茶留下了大量的绚丽多彩且脍炙人口的诗文妙句，生动记述了徽茶的品质特点和流光溢彩的徽茶文化……

白居易（773—846年），字乐天，自称"香山居士"；唐代著名诗人。其一生嗜茶，以茶为主题或涉及茶事茶趣的共六十多首，首开诗人咏茶诗歌之最。《琵琶行》诗："……门前冷落车马稀，老大嫁作商人妇。商人重利轻别离，前月浮梁买茶去。来去江口守空船，绕船明月江水寒……"

王敷，唐代玄宗天宝年间（742—755年）乡贡进士；《茶酒论》久已不传，自1900年敦煌变文古籍被发现后，《茶酒论》才得以重新为人们所识。《茶酒论》载："茶为（谓）酒曰：'阿你不闻道：浮梁歙州，万国来求。蜀川流（蒙）顶，其（登）山蓦岭。舒城太湖，买婢买奴。越郡余杭，金制为囊。素紫天下，人间亦少。商客来求，舟车塞绍。据此纵由，阿谁合少？'"

南宋徽州诗人方岳在《入局》茶诗曰："雁鹜行余纸尾箝，岸湖老屋压题签。印文生绿空藏柜，草色蟠青欲刺檐。茶话略无尘土杂，荷香剩有水风兼。官曹那得闲如此，亦奉一囊惭属厌。"其中"茶话略无尘土染，荷香剩有水风兼"的诗句中出现了"茶话"一词，这也是中国茶史上"茶话"一词的最早文字记录。

朱升（1299—1370年），字允升，号枫林，安徽休宁人。其《茗理》诗序："茗之带草气者，茗之气质之性也。茗之带花香者，茗之天理之性也。抑之则实，实则热，热则柔，柔则草气渐除。然恐花香因而太泄也，于是复扬之。迭抑迭扬，草气消融，花香氤氲，茗之气质变化，天理浑然之时也。漫成一绝。"《茗理》诗曰："一抑重教又一扬，能从草质发花香。神奇共诧天工妙，易简无令物性伤。"

威廉·乌克斯（1873—1945年），20世纪初美国《茶叶与咖啡贸易》杂志的主编。他于1910年开始考察、搜集有关茶叶方面的资料，历经25年完成《茶叶全书》的写作。《茶叶全书》载英国人诗："茶叶色色，何舌能别？武夷贡熙，婺绿祁红，松萝工夫，白毫小种，花熏芬馥，麻珠稠浓。"

陶行知（1891—1946年），安徽歙县人，中国人民教育家，思想家，救国会和中国民主同盟会的主要领导人之一。曾任南京高等师范学校教务主任，中华教育改进社总干事。陶行知《茶诗》："茶吞黄山云雾质，水吐漕溪草木香。来客若是玉川子，多喝一碗又何妨。"

赵朴初（1907—2000年），安徽太湖人，著名作家、诗人、书法家。曾任中国佛教协会会长，中国佛学院院长，中国宗教和平委员会主席，中国书法家协会副主席，全国政协副主席。赵朴初《茶诗》："碧鲜玉润清留色，仿佛兰香远益清。梦寐黄山云雾妙，感君启我故乡情。"

王镇恒，茶学专家，中国国际茶文化研究会顾问。王镇恒在考察谢裕大公司后，写下了《赞漕溪谢公茶》诗："杜鹃声里过漕溪，四度登临香染衣。裕大声名扬四海，五洲遍饮众称奇。"

寇丹，茶文化专家，中日韩茶道联合会咨委。寇丹先生在参观谢裕大公司后，挥毫书写了《黄山毛峰茶》诗："黄山毛峰正安创，五世后人一平扬。中华茶史添异彩，徽州富溪万里香。"

6.徽茶与茶具（以实物展示为主）

此专题以历史茶具品类结合恒福及谢裕大联合研发的徽式茶具作综合性展示。

徽茶所用茶具：煮水之壶以瓦罐第一、陶器第二、瓷罐第三、铜壶第四；喝茶之具以紫砂为第一；贮茶之物以锡罐为上。

（恒福茶具文案）

实物及图版

茶筒：盛茶叶之用。

茶匙：也称茶铲，取干茶之用。

茶漏：放在壶口上，漏取干茶，防止茶叶外漏。

茶食：导取干茶。

茶夹：夹取叶片，欣赏叶底，夹洗杯子。

茶针：疏通壶嘴。

茶托：喝茶时用来托起小茶杯。

展品组：见展厅实物。

第四单元　徽茶与生活

徽茶在生活中不只是一个简单的饮品，也是中国人一个表情达意的符号；茶在人们的生活中扮演着不同的角色。

1.徽茶礼俗

徽州人饮茶,有着浓郁的民俗风情;它折射徽州人淳朴敦厚的民风,展示了礼仪、孝道、慈爱,融合了亲情、乡情、友情和爱情;是宋、元以来延续至今的茶文化的精品。

与茶结缘

孩子满月喝满月茶,

周岁时要喝周岁茶,

读书了要喝启蒙茶,

当学徒要喝拜师茶。

时节用茶

新年时节吃利市茶,

立夏以后吃茶解暑,

中秋时节对月品茶,

冬日火桶煨茶等等。

养生保健

绿茶去火,松萝解酒;

红茶养胃,安茶去瘴;

用茶洗脚、洗疮等等。

古代结婚的"三书六礼":"三书"是聘书、礼书和迎书。

"六礼"是纳采、问名、纳吉、纳徵、请期和亲迎。男家在送聘书时开始,都需将具有象征吉祥意义的礼物送给女家;而每次的礼物中都有茶,所以又称为"三茶六礼"。

婚礼中的"四道茶"

第一道茶是"孝顺茶",第二道茶是"甜蜜茶",第三道茶是"盼喜茶",第四道茶是"和睦茶"。

2.徽茶室场景复原(徽茶荟萃)

唐时,歙州茶区生产的茶叶有:歙州方茶、婺源方茶、祁门方茶、新安含膏、婺源先春含膏等,其时,这些名茶皆属饼茶。

宋代,徽州的茶叶种植面积扩大,其制茶业已有发展,名茶有:早春、英华、来泉、胜金、紫霞、雀舌以及甘白香、婺源谢源茶等。

明代,徽州创制了炒青绿茶。"……近岁茶名细有雀舌、莲心、金芽;次者为芽下白、为走林、为罗公;又次者为开园、为软枝、为大号。"

清代,徽州绿茶闻名天下,因制作方法不同,绿茶有黄山毛峰、祁门红茶、太平猴魁等。

展品组:(略)

第五单元 徽茶逸事

"开门七件事,柴米油盐酱醋茶",当茶渐成人们生活中不可或缺之事时,不妨追根溯源,探寻一下"徽茶"在发展的历史进程中曾经有过的轶闻逸事……

1.唐咸通三年(862年),歙州司马张途《祁门县新修阊门溪记》载:颍川陈甘节为祁门令,"自请以俸钱及茶羡利充市木石之用,因召士客、商人、船户接助……自咸通元年夏六月修,至三年春二月毕"。全面整治后的阊门溪,"甃石叠木,溯流安逝。一带漭去,滔滔无滞";不仅"贾客巨艘,居民业舟,往复无阻",而且"自春徂秋,亦足以劝六乡之人业于茗者,专勤事谋,衣食之源,不虑不忧"。

2.唐天祐三年(906年),朱瑰(朱熹祖父)从徽州歙县黄墩迁婺源万安乡,唐末时受命领兵镇守作为产茶重镇的婺源,从此在婺源长期定居与繁衍生息。而由他负责征收茶税的机构称作"茶院",因此朱瑰也被其后裔尊为"婺源茶院朱氏一世祖"。

3.明洪武二十年(1387年)九月十六日,朱元璋下了一道诏令:"罢造龙团,惟采茶芽以进。其品有四,曰探春、先春、次春、紫笋。"此诏令促进了茶叶生产工艺的革新,从此散茶逐渐盛行。

4.明万历三十八年(1610年),茶叶进入欧洲。当时,与中国进行茶叶贸易的是荷兰,贸易主要是有赖于来往于中国和东南亚的中国帆船贸易。

1717年3月8日,荷印当局为维护自身利益,对在巴达维亚(荷印属雅加达)进行贸易的中国茶商采取肆意压价,荷印当局将松萝茶价格压至每担40荷盾,珠茶价格压至每担60荷盾;无奈之下,有14艘中国商船被迫低价出售茶叶,但发誓不再与荷兰进行交易。

5.清道光二十八年(1848年),英国驻印度总督达尔豪西发给了福钧一份命令:"你必须从中国盛产茶叶的地区挑选出最好的茶树和茶树种子……"罗伯特·福钧原为伦敦园艺学会植物学家,后供职于东印度公司;他充当了英国间谍并从中国盗窃了茶树种子和大量茶树标本。

6.清光绪二十六年（1900年），《农学报》刊载罗振玉《日本农政维新记》文章指出：日本人试图学会"毛峰"、"大方"茶的加工制作技术，以期用之于日本国茶叶品质的提高，进而侵占"毛峰"、"大方"茶的销售市场……1934年，东京三菱商事农产部，又研究"大方"和"毛峰"茶，仿制的茶却因制作粗糙、品质欠佳而未获成功。

7.民国四年（1915年），农商部在徽州祁门县平里，创立安徽模范种茶场（也是"祁门茶业改良场"的前身），开创了现代茶叶生产技术试验研究及"茶科所"等。同年，在安徽祁门设立"全国经济委员会茶业训练班"。

8.民国二十三年（1934年），场部迁往县城，同时在城西发展梯式条播茶园近二百亩，这是祁红种植技术的一次革新。与之相随而来的是平里改为分场，开始了机械制茶的革新实验，并获得成功，这更是"祁红"加工技术的一次重大革新，在"祁红"发展史上具有里程碑式的历史意义。

9.民国七年（1918年）5月，安徽省政府决定在屯溪高枧建立"省立第一茶务讲习所"，委俞燮（即俞祛尘）为所长，计有学员四十余名，学期三年；虽然时间短暂，却培养出许多杰出的茶技人员；建国后在茶界享有盛誉的胡浩川、方翰周均出身该讲习所。

展品组：见展厅实物。

第三部分　裕大辉煌

传播提示：全面展示谢裕大茶文化的精髓，其生态园区、生产工艺、产品特色、荣誉等。

展示及表现形式：在这一版块里，可采用：

1. 沙盘或模型全景复原谢裕大茶博园的生态园区。
2. 利用光电系统，营造谢裕大茶博园区的仿真效果。
3. 采用遥感照片或航拍照片，真实立体地展现谢裕大茶博园的生态园区。

支撑材料：展版、实物、文献档案、图片、声像资料、辅助展品、场景、模型、数字表现技术……

第一单元　茗香天成

谢裕大茶行——是谢裕大茶叶股份有限公司的历史前身，于清光绪元年（1875年）由徽州漕溪人谢正安所创，至今已有一百四十余年的历史，被载《中国茶经》、《徽州志》，载入史册。

谢裕大茶行19世纪末20世纪初，通过外商洋行将茶叶远销远东与西欧各地，故有"名震欧洲四五载"之美誉。晚清重臣张之洞亲笔题写"诚招天下客，誉满谢公楼"；新安画派大师黄宾虹赞誉"黄山毛峰第一家"。

创始人谢正安雕像及简介——（族谱、阄书表现）

谢正安

黄宾虹题词"黄山毛峰第一家"——（表现形式匾、书法）

（题词背景：民国初年，静谧怡人的黄山歙县潭渡村"石芝堂"中，名动天下的画家黄宾虹正在凝神作画，他的挚友陶行知、汪采白则在旁看得聚精会神。不一会儿，谢育华来了，他随身带着一包新制的黄山毛峰，谢育华先祖父谢正安正是黄山毛峰的创始人。

画稿初成，四人拆封茶叶，分沏四盅，顿时，茶香四溢。黄宾虹刚刚喝一口，便连声称赞："好茶，好茶啊！"谢育华笑道："宾虹兄今天如此好兴致，何不乘兴为黄山毛峰写几个字？茶借好字可以流芳百世，字借好茶可以百世流芳啊！"兴致正高的黄宾虹二话不说，提笔挥毫，写下了"黄山毛峰第一家"。）

1.茶叶世家

（1）谢裕大黄山毛峰技艺传承历史

①黄山毛峰作为贡品，进贡光绪帝，被授予四品官服，成为当时的红顶商人

②1875年成功研制黄山毛峰。

③百年传承，跨越一百四十年发展，历经五代人传承。

④行销线路图及谢家实业分布图（经商理念）。

⑤惠泽乡里，儒商典范。为家乡修桥铺路，建学堂，提倡女子读书，男女平等。

⑥2014年成功上市，第一家茶企上市公司。

（2）相关故事

①上海开办第一家谢裕大茶行。

②与张之洞的交往引出"诚招天下客，誉满谢公楼"。

③茶行名字由来：谢取自姓氏，光前裕后，大展宏图。

④黄宾虹题词"黄山毛峰第一家"。

2.谢裕大传承谱系：图表

3.谢裕大"黄山毛峰"非物质文化遗产传承人

4.名优品种

什么是名茶？中国茶学导师陈椽教授说："名闻全国和蜚声海外的茶叶，都为名茶。"

名茶，在于其有名。之所以有名，则由于名茶具有脍炙人口的品质，独具特色的风韵，蜚声遐迩的名誉以及其悠久的历史文化等。

中国十大名茶的评选，是在长期的生产实践和消费过程中逐步形成并经推荐、评比和大众认同的一种荣誉；而谢裕大茶系列在名茶榜上却是屡屡荣获殊荣。

实物及相关产品展示

谢裕大黄山毛峰系列

谢裕大太平猴魁系列

谢裕大祁门红茶系列

谢裕大六安瓜片系列

谢裕大黄山花茶系列

5.国茶荣耀

黄山毛峰地理标志保护

谢裕大茶叶博物馆

谢裕大世博会特许茶

谢正安中华老字号

谢裕大中国驰名商标

2014年光彩事业突出贡献奖

2014年全国优秀茶叶科技创新企业家

2014年中国茶叶行业年度经济人物

2014年中国茶叶行业百强　中华老字号

2013年中国茶叶行业综合实力百强企业

2013年中国茶界"鼎承奖"

2013年中国徽茶十大企业家

2013年安徽企业最佳雇主

2012年国家级高新技术企业

2012年中国驰名商标

2011年国家地理标志保护产品

2010年国际名茶评比金奖

2009年安徽省著名商标

2008年国家级非物质文化遗产

展品组：见展厅实物。

第二单元　制茶有方

谢裕大茶叶股份有限公司提出7项茶叶生长环境理化标准。"7"即：经纬度、海拔、气温、日照、降雨量、土壤、森林覆盖都有明确的要求范围。并秉承："绿色生态茶园管理、生产过程质量追溯性管理"的流程。将其先进的管理理念融入每一片绿色生态茶园和每一片茶叶。

第三单元　怡情清心

系列特点：与其他食品对比，对人体的作用。
内质特点：营养功能效果。
使用场景再现。

第四单元　精工细作

手工绘图配实物。
展品组：见展厅实物。

第五单元　明志惟扬（谢裕大茶博园）

1.谢裕大唐模生态旅游观光茶园（谢裕大唐模茶文化博览园）

"谢裕大唐模生态旅游观光茶园"基地位于黄山市徽州区潜口镇玉屏山，地理位置优越，毗邻唐模古村和潜口民宅两座4A景区。基地总面积4000亩。公司先后对茶园进行全方位改造，架设7600米管网茶园喷灌系统；建成无性系茶园繁育基地400亩。通过实施IPM（作物病虫害综合治理）技术，推行茶园机械化耕作管理、茶园清洁化生产示范。

茶园在实现清洁化农业的同时，以发展新型农旅结合产业为主题，充分利用谢裕大茶叶博物馆、基地茶叶生产过程和基地生态环境，为游客提供休闲、观光、体验等服务，大力发展休闲茶叶和乡村旅游。山地自行车道、游客服务中心、休闲垂钓中心、游客休闲凉亭、旅游停车场等旅游基础设施建设。生态观光茶园内还利用茶园隙地养鸡、放鸭等禽类，不仅改善了茶园小环境，也为游客丰盛了农家菜肴，让游客尽享正宗农家风味。

在唐模生态茶园内还建有休闲垂钓鱼塘，一张扎凳，一支鱼竿，一杯清茶，可让游人尽享垂钓之乐；现基地茶园广阔茂盛，恬静自然，空气新鲜，景色怡人，与周边古朴的人文景观相互辉映，成为生态旅游、摄影写生的理想之地。

2. 生产基地

黄山市徽州区漕溪生产基地、富溪生产基地、杨村生产基地、祁门生产基地、陈家坞生产基地、响洪甸生产基地。

世代相传　千锤百炼　开拓创新　追求卓越

多媒体触摸屏

谢裕大茶叶股份有限公司大事记

1875年，谢正安在徽州区富溪乡漕村充头源创制黄山毛峰茶；同年，谢正安又在上海创办谢裕大茶行，黄山毛峰随即成为上海各界名流追逐赠送的珍品，影响波及欧洲，有"名震欧洲四五载"之美誉。现如今的上海漕溪路正是因为黄山毛峰的原产地而命名。张之洞题词"诚招天下客，誉满谢公楼",后被朝廷选为贡品进献皇上,光绪帝饮后大加赞赏,并将此茶作为礼品馈赠英国皇室。

1906年,谢正安投资"规元"白银七百两,成了待修铁路的股东。1908年,在浙江金华投资办起了皂烛有限公司"慎裕堂"。谢正安于1910年7月21日亥时在漕溪家中病故。20世纪30年代,陶行知、黄宾虹、汪采白、谢郁华相聚,黄宾虹为谢裕大茶行题字"黄山毛峰第一家"。

1955年,中国茶叶公司对全国优质茶进行鉴定,黄山毛峰被评为全国十大名茶之一。

………

展品组:见展厅实物。

结　语

　　徽茶的历史，是一幅画卷；徽茶的文化，是一首乐章。在博大精深的徽文化中，徽茶文化独具芬芳……潮起潮落，是千余年的徽茶古韵；花开花谢，依然是徽茶国礼的美名远扬。徽茶，在千余年的历史中依然是韵味悠长……一百四十年前诞生的谢裕大已经成为现代茶企之翘楚，它依然在黄山白岳间袅袅飞扬……

　　一百多年过去了，摘一片谢裕大茶园的茶叶，依然年轻的像一滴露珠；一百多年过去了，泡一壶谢裕大的香茶，仍然品味出茶魂年轻的清香……

　　徽茶需要传承，徽茶文化需要弘扬！谢裕大需要再创辉煌！

　　薪火相传140年的谢裕大茶业股份有限公司，将在传承、弘扬及可持续发展的道路上，创造新时代徽茶的大市场，大意境，大气象……

领导关怀及赞誉

　　1965年，越南国家主席胡志明在黄山品赏并称赞"徽茶"："祁红屯绿，世界闻名……"

　　1979年7月，75岁高龄的邓小平登黄山。品尝"黄山毛峰"，赞誉"祁门红茶"……小平同志说："黄山是发展旅游的好地方，是你们发财的好地方，要有雄心壮志，把黄山的牌子打出去！"

　　1999年4月9日，总理朱镕基在美国会见了江泽民主席的老师顾毓琇，并代表江泽民献上了礼茶——黄山毛峰。顾毓琇十分激动，欣然命笔，为朱镕基留下十六字箴言:"智者不惑,勇者无惧,诚者有信,仁者无敌。"

2007年3月27日,"中俄国家年"开幕式上,国家主席胡锦涛向俄罗斯总统普京赠送了来自安徽黄山的黄山毛峰、太平猴魁、绿牡丹以及六安瓜片四种名茶。胡主席还特地向普京总统介绍说:"这些都是我从小喝的茶。"

以茶会友

刘海粟"以茶会友"题字。

辅助展区

根据实际需要设置:茶道表演区、休息观赏区、多媒体宣传区、产品展示区。

天工巧作·雅饰徽雕

——黄山徽派雕刻博物馆基本陈列

序　厅

前　言

  雕刻艺术是一种文化现象，更是一种非物质和物质文化的呈现，它所表现最直接的特征是艺术家将材质、器形、审美、技法等有机结合，形成自身本体要素，从而给人精神及物质上的愉悦享受。徽派雕刻艺术则是众多雕刻艺术的典型代表。明清时期，砖木石竹等传统雕刻艺术审美不再单调，而是注重艺术性的装饰，更着意于对主体和功能部分的精雕细琢。这些雕刻作品底蕴深厚，意境深远，渗透着中华传统文化的深层次积淀，寄寓了传统儒家道德伦理思想以及人们对美好生活的向往，富有浓郁的地方特色。今天，当我们重新审视这种古韵，接近那或富贵厚重、或轻盈灵秀，那斤锯锛凿、攒接回绕之美，感受着记忆中朦胧的庄严，在愉悦的同时，更是对中国传统民间艺术家们优雅创造表达深深敬意。

  黄山徽派雕刻博物馆审时度势，以服务社会为根本宗旨，在黄山市市委、市政府和徽州区区委、区政府有关部门的高度重视和大力支持下，寻求徽州雕刻艺术发展的新路子，以徽州雕刻文化为载体，致力于徽州雕刻文化的传承和发扬，为黄山市非物质文化遗产的保护和文化产业发展贡献绵薄之力。

第一部分　雅饰徽雕

展版：徽州雕刻

徽州始于宋宣和三年（1121年），由歙县、黟县、休宁县、祁门县、婺源县、绩溪县所组成，形成了稳定的格局。徽州雕刻作为徽文化一种传统历史文化技艺，是我国古代农耕社会后期并在徽州地区中所产生的杂糅着儒佛融通思想的中华文化的缩影。其精湛的传统技艺表现在以徽州传统建筑文化和文房清供当中，深受人们的喜爱。徽州雕刻巧妙地融合在徽州建筑中，形成了自成一体的建筑装饰风格，它反映出古徽州人们的思想、道德、精神追求和民情风俗，体现了古徽州人民的无限智慧。徽州木、砖、石、竹、砚、墨、牙、角等雕刻艺术就是在如此发达的徽文化大背景下逐渐形成和发展起来的，其历史源于宋，儒家文化和程朱理学、新安画派、徽商都曾深刻地影响着徽州雕刻的发展，木雕的华丽，石雕的粗犷，砖雕的细致，竹雕的婉约，砚雕的凝重，牙雕的柔润，角雕的清美，都充分体现着徽州雕刻的艺术特征，民间习俗与传统题材的交融，寓意图案的意义则蕴藉着徽州雕刻的文化内涵。作为非物质文化遗产，徽州雕刻虽历

经千年仍具有旺盛的生命力，它具有极高的文化价值、艺术价值、教育价值，尤其是潜在的再创造、再应用价值。

展版：竹雕

竹雕，也称竹刻。赵汝珍在《古玩指南·竹刻》中这样概括："竹刻者，刻竹也。其作品与书画同，不过以刀代笔，以竹为纸耳。"言简意赅，却颇为精妙。

竹雕早期通常是将宫室、人物、山水、花鸟等纹饰，刻在器物之上。而且存世的竹雕制品也很少，目前所见的多为明清两代的传世品。明清时期的竹雕制品，雕刻技艺的精湛，早已超越了前代。明代的竹雕风格大多浑厚质朴，构图饱满，刀工深峻，而且线条刚劲有力，图案纹饰布满器身。清代前期的竹雕制品带有明代的遗风，但表现技法更为丰富多样，浅刻、浅浮雕的技法同时并用。雕刻作品中，有的雕刻简练，古朴大方，有的精工细作，纹饰繁密，变化无穷，雕刻的方法主要有阴刻、阳刻、圆雕、透雕、深浅浮雕或高浮雕等。

展版：徽州竹雕

明清时期，徽商遍行天下，徽州文风日盛，在海内外享有盛誉，随着嘉定、金陵、浙江三个艺术流派的兴起，"徽派竹雕"很快显明于世。

徽州的竹雕艺术，是中国竹雕艺术的重要组成部分。徽派竹雕一般以徽州盛产的毛竹为原料，以刀代笔，因材施艺，运用线刻、浅浮雕、深浮雕等工艺，雕出各种图案。这些图案，题材极其广泛，有名人的书法墨迹，有名胜古迹的山川风貌，有民间传说的神话故事，有珍禽异兽的千姿百态。

展版：徽州竹雕种类

徽州竹雕主要用于陈列摆设装饰，也有一些兼具实用功能。包括屏风、告屏、挂屏、插花瓶、笔筒、文具盒、牙签盒、烟灰盒、茶叶筒、帽筒、筷筒、楹联、腕枕、餐具等。

图版：徽派竹雕代表人物

吴元满是明末安徽人，精通书法，擅长篆刻，尤喜"六书"研习。因此，竹雕独显文字风采，并以金石碑体为主，运刀时都能和运笔一样得心应手，形成了浑如三代鼎彝的独特艺术风格。

李希乔是清初著名的竹雕大师，号"石鹿山人"。他的竹雕既有吴元满书法入竹的风绪，又有新创，简笔刻画如竹石、人物山水臂搁、笔筒，线条简洁、流畅，画面清丽而富有意韵。

张立夫是清代道光、咸丰年间成名的竹雕大师，以多才多艺饮誉江南。以雕版、刻漆为业，多有建树，竹雕作品也独具一格。

程文在是清代著名竹雕大师，字郁卿，安徽休宁人。其刀工精确，工艺老到，古韵悠远。

展品：各类竹雕作品

展版：木雕

木雕是雕塑的一种，在我们国家常常被称为"民间工艺"。木雕可以分为立体圆雕、根雕、浮雕三大类。木雕是从木工中分离出来的一个工种，在我们国家的工种分类中为"精细木工"，是以雕刻材料分类的民间美术品种。一般选用质地细密坚韧、不易变形的树种如楠木、紫檀、樟木、柏木、银杏、沉香、红木、龙眼等。采用自然形态的树根雕刻艺术品则为"树根雕刻"。木雕有圆雕、浮雕、镂雕或几种技法并用。有的木雕还涂色施彩用以保护木质和美化。

图版：

"参轮可使自转，木雕犹能独飞。"南朝范晔《后汉书·张衡传》。

"魏安釐王观翔雕而乐之……吴客有隐游者闻之，作木雕而献之王。"宋刘敬叔《异苑》卷十。

展版：徽州木雕

明清时期，徽商发家致富后，遵循儒家文化传统，纷纷回故乡置良田、造豪宅，并以木雕技艺雕梁画栋进行内部装修，形成了徽州民居木雕艺术特有的装饰风尚。徽商在木雕艺术中更多的是追求儒家文化的气息，寓教于屋，让子孙后代在日常起居中，就能处处感受到雕刻在宅门窗口、飞檐梁楣、桌椅床榻上儒家学说及故事。这种潜移默化的儒家文化熏陶，滋养了一代又一代的徽州人，使这里民风淳朴，文化浓郁。

展版：徽州木雕技法及运用

徽州木雕是根据建筑物体的部件需要与可能采用圆雕、浮雕、透雕等表现手法。木雕在徽派古建筑上，通常用于梁架、梁托、檐条、楼层栏板、华板、窗启、栏杆等处，雕花攒朵，富丽繁华。木雕的边框一般又都雕有缠枝图案，婉转流动，琳琅满目。木雕既考虑美观，又重视实用，大凡窗子下方、天井四周上方栏板、檐条，采用浮雕较多；在梁托、斗拱、雀替以及月梁上使用圆雕较多。

在家具方面，应用木雕较多的是床与衣橱。这些家具一般用高级木材制作，均用朱漆和金箔装饰木雕的表面，使其更加鲜明生动。

展版：徽州木雕选材

徽州的木雕选材大多为松、杉、樟、楠、白果等亚硬或软木材料。徽州木雕的作品往往不看重材质，它所追求和刻意表现的是画面的题材内容、雕刻工艺和构图线条的完美，体现极强的艺术感染力，对周边地区影响很大。

展版：徽州木雕的纹饰及图案

徽州木雕以建筑、家具装饰为主，尤其是以美轮美奂的大面积雕刻著称于世。雕刻的内容题材广泛，有人物、山水、花卉、禽兽、鱼虫、云头、回纹、八宝博古、文字楹联，以及各种吉祥图案等。以人物为主的有名人轶事、文学故事、戏曲唱本、宗教神话、民俗风情、民间传说和社会生活等题材；以山水为素材的，主要是徽州名胜，如黄山、新安江及徽州各县具有代表性的山水风光；以动物、花木、图案为内容的，一般呈连续图样形式，亦能独立成画。这些纹饰及图案都寄托着物主的美好理想与追求，体现主人的文化品位和身份地位，有着极高的历史、文化和艺术价值。

图版：徽州木雕名家

徽州木雕艺术历代名工辈出，著名的有刘铁笔、汪晟、汪老五、黄异人、张立夫等。

刘铁笔，佚名，安徽省歙县人。曾雕七寸白玉牌楼，其中山水、树木、桥梁、楼阁、狮兽、石栏、窗户仅有米粒般大，但能开关自如。

黄异人，佚名，黄村人（今属安徽省黄山市歙县）。曾在内廷任职，凡西洋所贡奇器皆能仿造，精巧过之。他制作的木人木狗能看家护院，充当童仆。

照片图版：

世界文化遗产地：西递、宏村及明清木雕照片。

展版：砖雕

砖雕是在青砖上雕刻出人物、山水、花卉等图案，是古建筑雕刻中很重要的一种艺术形式。主要用于装饰寺塔、墓室、房屋等建筑物的构件和墙面。通常也指用青砖雕刻而成的雕塑工艺品。

砖雕大多作为建筑构件或大门、照壁、墙面的装饰。由于青砖在选料、成型、烧成等工序上，质量要求较严，所以坚实而细腻，适宜雕刻。在艺术上，砖雕远近均可观赏，具有完整的效果。在题材上，砖雕以寓意吉祥和人们所喜闻乐见的内容为主。在雕刻技法上，主要有阴刻、压地隐起的浅浮雕、深浮雕、圆雕、镂雕、减地平雕等。民间砖雕从实用和观赏的角度出发，形象简练，风格浑厚，不盲目追求精巧和纤细，以保持建筑构件的坚固，能经受日晒和雨淋。

展版：徽州砖雕

徽州砖雕源于宋代，至明清而达极盛。明代砖雕雕刻粗犷、古朴，一般只有平雕和浅浮雕，借助于线条造型，缺乏透视变化，但强调对称，富有装饰趣味。清代雕刻细腻繁复，构图、布局吸收了新安画派的表现手法，讲求艺术美，多用深浮雕和圆雕，提倡镂空效果，有的镂空层次多达十余层，亭台楼榭、树木山水、人物走兽、花鸟虫鱼集于同一画面。徽州砖雕主要用在门楼、门罩、飞檐、屋脊、漏窗等部位。由于徽州建筑采用粉墙黛瓦，砖雕装嵌其中，十分协调。加上主题突出，层次分明，工艺精细，雕刻工整，线条流畅，具有特殊的装饰趣味，是徽州古建筑装饰艺术的重要组成部分。

展版：徽州砖雕形制特点

徽州砖雕重点装饰于建筑门楼、门罩部位。作为古民居出入口标志的门楼、门罩形制多样，有着一定的特点，如用于祠堂、书院、寺庙等装饰的就有八字墙、门楼、字匾门楼、四柱牌楼等数种。有一间三楼，也有四柱三间五楼，还有的用石块和水磨砖混合建成，形制和牌坊很相似。

展版：徽州砖雕门罩

门罩装饰起初比较简单，但到清初就有较多装饰比较华丽的门罩。徽州民宅上门楼、门罩，即是在大门外框上方，用水磨青砖砌成的向外凸出的线脚装饰，顶上附以瓦檐。除了具有一种装饰美外，还可以挡住墙面上方流下的雨水，避免门上方墙体受潮湿，使石灰剥落出现不美的斑痕。

图版照片

黟县西递镇有一家四柱三间五楼牌坊式的门楼，中间高，两边对称略低一点，檐口上方覆瓦，四角上跷，并饰有砖雕鳌鱼吻。其鳌鱼吻长须是镌刻的弯曲向上扬，既美观又兼作避雷之用。门楼西向上凸起部分，高出墙体的尺半许，而后再从檐口向内用青砖减起线三道，下面饰雕花边，以此下延再递减，安装额枋、方框、元宝、横枋、匾额等，直至和墙面平并临近在大门门坊上尺许。上面每层均有砖雕图案，其中最精彩部位，即是两三层额枋，尤其是通景额枋，还有四至十二只元宝，三间均有对称的方框，还有雀替、悬柱头、榫饰、屋脊屋翎饰，均为门楼砖雕之重点。西递潘氏宗祠，门厅为五凤楼式，气势壮观，门厅两侧的八字墙上装饰有大面积精美细腻的砖雕，描以额枋和框，元宝雕刻更为精彩，刻着江南风光、楼台亭阁、水榭、飞禽走兽。运用高浅、透雕、半圆雕手法，高低起伏有度，别具一格的韵味，犹如一幅幅水墨画，清新淡雅。

展版：徽州砖雕纹饰图案

徽州砖雕图案内容广泛，人物、山水、花鸟、走兽、八宝博古、几何形体、文字等无所不包。

以人物为题材（照片或实物）

以动物、花卉、虫鱼为题材（照片或实物）

以八宝博古、几何形体、文字、静物画为题材（照片或实物）

图版：徽州砖雕名家

展版：石雕

中国石雕艺术具有悠久的历史，品种繁多。千百年来，伴随着人们的物质生活和精神生活而流传至今。它表现了民间工艺精湛的技艺、巧妙的构思和奇特的创造力，具有很高的艺术价值与历史人文价值。

石雕主要是指以花岗石、大理石、叶蜡石等天然石料，运用圆雕、浮雕、透雕和线刻等技法雕刻成的各种艺术品和实用品。

从其用途上看，一是用于建筑构件和装饰，二是为宗教服务的神佛造像，三是供室内陈设的欣赏品和具有实用功能的生活用品等。

展版：徽州石雕

徽州石雕在徽州城乡分布很广，类别亦多，主要用于宅祠的廊柱、门墙、牌坊、墓葬等处的装饰，属浮雕与圆雕艺术，享誉甚高。徽州石雕在雕刻技法上，浮雕以浅层透雕与平面雕为主，圆雕整合趋势明显，刀法融精致于古朴大方。徽州石雕取材来源主要有二：一是青黑色的黟县青石，二是褐色的茶园石。徽州石雕题材受雕刻材料自身限制，不及徽州木雕与砖雕细腻烦琐，主要是动物、花卉、博古纹样和书法，也有少量人物故事与山水等图案。

展版：徽州石雕牌坊

徽州石雕作品中最具代表性的就是牌坊。牌坊是功勋、科第、德政以及忠孝节义的重要象征，与徽州民居以及祠堂并称为"徽州三绝"。牌坊分为四个等级，御赐即皇帝下圣旨国库出资建造；恩荣即皇帝下圣旨，地方出资建造；圣旨即皇帝下圣旨自己出资；恩准即皇帝口头批准自己出资建造。

（选取部分具有代表性的牌坊照片：歙县许国石坊、黟县西递村胡文光刺史牌坊等。）

展版：徽州石狮

徽州石雕中最常见的形象是石狮子。人们大都在门前安放一对气势雄伟的石狮用以镇宅辟邪，这是"门狮"。另外还有桥上的望柱石狮、门上的门墩石狮、房柱下的柱础石狮、牌坊上的牌坊石狮等。

徽州的石狮一般都脱离了凶恶的形象，憨态可掬。古有头大当官、嘴大吸财之说，所以徽州石狮大多头大嘴也大。

展版：徽州石雕名品（高清照片）

黟县西递村"西园"石雕漏窗：左为松石图案，奇松从嶙峋怪石上斜向伸出，造型刚劲凝重；右为竹梅图案，弯竹顶劲风，古梅枝婆娑，造型婀娜多姿，做工精美至极，堪称石雕艺术精品。歙县北岸吴氏宗祠天井水池后壁石雕：百鹿图，由九块石料雕就拼成，采用圆雕、透雕、浮雕技巧，立体感很强，栩栩如生。可谓徽州石雕一绝。

展版：徽州石雕名家

徽州历代石雕艺人佚名者很多，仅黄鼎、朱云亮、余香等数人留下了名字。

展版：徽州牙雕

徽州牙雕是一门古老的传统艺术，也是汉族一门特殊的民间工艺美术。牙为大象身上最坚固的部分，其光洁如玉，耐用，珍贵堪与珠宝玉石媲美，因此象牙又有"有机宝石"之美誉。而象牙雕刻艺术品，以坚实细密，色泽柔润光滑的质地，精美的雕刻艺术，备受收藏家珍爱，成为雕刻艺术品中独具特色的品种之一。

展版：牙雕分类

一般而言，象牙雕刻艺术分为人物、动物、花卉及风景四大种类。其中牙雕人物题材主要源于古代的神话传说及历史名人。从类别上可分仕女、罗汉、佛人、武人及历史人物等。人物画稿一般以白描的手法，表现出人物面部的表情、身体的姿态、衣饰的形状等，有出处的还要着重刻画人物的身份特征，以达到完美的艺术效果。牙雕花卉一般以花为主，以鸟、蝶、蜻蜓、青蛙等作陪衬，雕刻具象有牡丹、月季、菊花、玉兰、碧桃、松、竹、梅等，托件整体造型上有花篮、花瓶、竹筒、折扇、假山等，起到了主角与陪衬体很好的搭配作用。牙雕动物题材主要有林中虎啸、深谷狮吼、雄鸡报晓、鱼跃荷池等等，其中十二生肖在牙雕艺术中占有一定位置。牙雕中的风景题材一般表现山水、岛屿及日月风云。嶙峋的山石、斑驳的海岩、滚动变化的云朵是牙雕艺人尤为喜欢的挥刀具象。

展版：传承意义

自20世纪80年代以来，出于保护大象种群的考虑，包括中国在内，国际上曾经一度禁止了象牙贸易，这使得完全依赖进口象牙原料的象牙雕刻工艺陷入了无米之炊的境地。徽州象牙雕刻一度失传。近年来，在拯救濒危物种的问题上，国际上又开始摒弃死板的贸易禁令方式，允许库存象牙的贸易。这样，象牙原料的供给又出现了一线生机。然而，无论是从人力还是从财力上看，象牙雕刻工艺都已经进入了濒临灭绝的境地。在我国，1990年6月1日停止从非洲直接进口象牙，1991年全面禁止象牙及其制品的国际贸易后，任何商业性的进口象牙一律不获批。在象牙原料禁止的情况下带动了象牙收藏的高涨，象牙雕刻更是在禁止绝唱中不断升值。象牙雕刻在与竹雕、木雕并称传统雕刻工艺中的三大门类中。以坚实细密、色泽柔润光滑的质地，向来被视同白色的金子而备受鉴赏家珍爱。

展版：牙雕的保养

牙雕属于有机类物质，比较娇气，除了要防止冲击、碰撞、挤压、火烧、高温、酸碱等化学物质等剧烈侵害外，还对温度、湿度、光照、环境等很敏感，因此牙雕应该避光收藏。

1.象牙是由磷酸钙和有机体组成，冬天气温悬殊不定，气候干燥，容易导致象牙龟裂、老化、脆化。若象牙发生龟裂时，会发出"迫迫"的响声。所以象牙制品的存放环境，应尽可能保持恒温，其存放的适宜温度在15—25度之间。

2.牙雕对湿度的变化非常敏感。牙雕不仅自身含有一定水分，还具有吸水的特性，它会随环境的变化而吸收或释放水分，体积也会随之膨胀或收缩，这会导致器物因过度涨缩而龟裂或变形。所以存放牙雕的环境，其湿度应保持在55%—60%之间。对于一些大型的摆件，可以借鉴博物馆的方法用个玻璃罩子罩住，然后在密闭的罩子里放杯水以保持其湿度环境。此外还要注意，牙雕不可以放在通风的地方。

3.牙雕平时应该注意防蛀，可以在软囊盒中放少许防蛀药。如果其表面沾上灰尘可用毛刷轻轻刷除。保养不当会出现霉斑，这时应及时清除。较专业的处理方法是，先用柠檬酸和草酸稀溶液（蒸馏水）清洗，然后再用稀氨水中和残留的稀酸，最后用蒸馏水冲洗干净，用洁净的干布轻轻地擦干，置于阴凉处慢慢干燥，有龟裂的牙雕不能水洗，可用含1%的酒精肥皂或酒精或三氯乙烷溶液涂在表面，干洗待溶液挥发后用溶剂擦除附着在表面的微量肥皂并重新打蜡抛光。

4.对于一些小件挂件，如佛珠等应尽量贴身佩戴，因为人体每天会出汗出油，而这种天然的油性物质对象牙而言，是最好的养护品。但是切记洗澡的时候一定要把牙雕取下来，因为象牙在热水中浸泡时间过长，会开裂并变色。牙雕应轻拿轻放，最好不要摔在地上，因为牙雕质地脆化，很容易损坏。

牙雕能否增值与品相保存的完整度有很大关系，很多精美的牙雕因保护不当而产生龟裂等品相问题，使得牙雕藏品的价值大打折扣，因此象牙制品的养护绝不能等闲视之，必须引起收藏家足够重视。

图版：选取历史作品照片展示

牙雕实物展示

展版：徽州角雕

角雕主要就是用牛角、羊角、狍子角、鹿角等雕刻出各种精美的日用品和玲珑的工艺品。而历史上徽州角雕的原料大多采用名贵的犀牛角和牛角。

在新石器时代，我国就已用兽角制成耳坠、笄、梳、匕等，造型规整，打磨光滑。相传犀牛角有解毒辟邪之功能，如同毒药接触，则毒药发生白沫，因而被帝王所重视，制为杯盏等器皿，以检验食品，这也使犀牛角雕刻成为古代角雕的著名品种。唐、宋时期，犀牛角除由外国使节作为礼品赠送帝王外，有些还流传民间。到了明清时期，由于工艺美术突飞猛进，雕刻工艺达到了一个新的高峰，精湛的雕刻艺术扩展到犀角材质中来，这样，形状众多、花纹各异的犀角杯就脱颖而出，闻名于世。

展版：犀角雕刻与名师

犀牛角质地坚硬而细密，有纯黑色，称黑犀角；有纯黄色，色如黄金；有带纹理者，如黑色中带黄色纹理，或黄色中带黑色纹理。有的纹理宛如龙、山水、日月星辰等状，但大多呈鱼子或小米状，称为粟纹。

犀角雕刻与竹、木、金、玉的雕刻艺术同为艺林珍赏之品。这一时期，犀角的雕刻能手有鲍天成、濮仲谦、尤侃、江福生和尚均等。他们都是身兼多技的著名雕刻家，能用犀角、象牙、各种硬木、香料等材料雕刻成各种奇巧精美的杯、盒、扇坠、发簪及印章之类，精妙绝伦，与当时苏州的琢玉名手陆子刚齐名，在江南颇负盛名。

展版：传承意义

上世纪末犀牛被列入联合国野生动物保护条例之中，犀角制品已被各国海关禁止出入。

图版：选取历史作品照片展示

角雕实物展示

第二部分　天工巧作

展版：

改革开放以来，徽州雕刻艺术品以其浓郁的地方特色和深厚的文化底蕴日益受到市场青睐。在这样的时代背景之下，黄山雕刻艺术博物馆依托黄山竹溪堂技术和市场优势，大力研发徽州雕刻艺术品，丰富产品种类，提高产品品质，并着力打造全市乃至全省范围内具有一流水准的徽州雕刻艺术博物馆，集徽州雕刻文化展示、徽州雕刻艺术品研发、旅游接待、徽文化研究与交流的综合性文化企业，着力解决徽州雕刻技艺濒临失传的困境，重新焕发徽州雕刻艺术的活力。

展版：

1987年，洪建华、张红云初中毕业后报名、招入徽州区家具雕刻厂，1990年偶遇王世襄先生的《竹刻》后，对中国传统竹刻和徽州传统竹刻的历史渊源有了进一步的了解，后又与女友（张红云）拜歙县的竹木雕刻老艺人王金生师傅学习传统竹刻技艺。1991年，洪建华与张红云出厂创办了徽州区第一个竹刻工作室，通过所学结合《竹刻》、《徽州竹刻》等书籍所提供的古代明清竹刻图片，开始走上临摹、仿古、研究徽州传统竹刻的复兴之路。

由于刻苦钻研和不懈努力，二人所制的仿古竹刻在地方上已小有名气，已招入的师兄妹和徒弟已达二十多人，为了更好的发展，2005年注册成立徽州洪建华竹刻研究中心，随着手工艺产业的需要，2008年改为黄山市徽州洪建华竹木雕刻研究中心，现有技师和学徒四十多人。作品多次获金银铜奖。

2006年，洪建华《竹林七贤》笔筒被故宫博物院永久性收藏，作品成为20世纪50年代以来的第一件竹刻艺术品进入故宫，故宫专家称他恢复了中国传统竹刻的风采和传承了故宫收藏脉络藏品的传承；2007年，竹刻《和谐》笔筒被选入"扬帆奥运"组委会收藏；2008年，竹刻《农家乐》笔筒被中国农业博物馆收藏；10月，竹刻《松鹤延年》笔筒被中国工艺美术馆收藏，竹刻《徽乡行》四条屏作品被中国工艺美术馆（有偿）收藏。它们先后被中央七套走进徽州奇人《天价笔筒背后的故事》（乡土）栏目、《竹刻年华》在上海东方卫视和安徽卫视新闻广场栏目、《竹刻的制作》专题教材片在中央七套农广天地栏目、《黑白竹刻》中央二台《财富故事会》栏目等作为专题采访播出，全国各大媒体和网站纷纷报道转载，这也使现在的徽州竹刻名声超越明清时期。

洪建华先生目前已被评为安徽省非物质文化遗产（徽州竹雕）代表性传承人，安徽省工艺美术大师。

黄山竹溪堂、黄山市徽州洪建华竹木雕刻研究中心介绍及作品展示。

图表

照片：领导关怀。

国家、省、市级领导视察、参观照片。

作品展示

展版及照片：未来发展规划及远景图片。

远景沙盘和图片：传习基地沙盘或实景照片。

第三部分　名师巨匠

展版：

　　光阴荏苒，流传了几百年的徽州雕刻至今仍散发着幽幽的韵律，显现着灵动的创意。但是，艺术的内涵在于不断创新，艺术的魅力在于给人以无限神往，艺术的价值在于给人无穷的力量，艺术的真谛在于永恒的追求。面对社会的发展，文明的进步，近年来，各级政府和有关部门对徽州雕刻艺术的传承给予了足够的重视，出台了相关保护政策，促使徽州雕刻艺术这一全人类文化遗产继续得到发扬光大。正是在这种背景下，徽州当地雕刻名家辈出，他们以传承"非遗"为宗旨，默默地在徽州文化的土地上耕耘。

　　展版、照片、作品：漆器大师甘而可

　　甘而可，1955年生，黄山人，2002年创办"而可漆艺创作室"，研究、制作徽派漆器艺术品。2009年6月，被国家文化部认定为国家级非物质文化遗产（徽州漆器髹饰技艺）代表性传承人，同年12月被评为安徽省高级工艺美术师。

1979年，甘而可选招进屯溪工艺厂工作；1980年，被单位派送上海工艺品六厂学习刻漆，学成归来，成立刻漆车间，任车间主任；1985年，调至屯溪工艺美术研究所工作；1986年，任屯溪特种工艺厂副厂长。

在屯溪工艺美术研究所工作期间，他有机会对各种工艺创作技法进行探索、研究和深入实践，创作了木雕"少女头像"、"史湘云眠芍"、煤精石雕"布袋罗汉"、砚雕"八仙过海"，金底刻漆屏风"群仙祝寿"等作品，并能精通各类髹饰工艺的制作。尤其是具有徽州漆器特色的脱胎漆、螺钿、百宝嵌、描金彩绘等装饰技艺，并有不少佳作问世，成为继老艺人俞金海之后新一代能全面掌握各类漆器髹饰技艺的漆艺新秀。特别是"而可漆艺创作室"成立之后，创作了一大批高水准的徽派漆艺作品，如：歙州漆砂砚、菠萝漆茶具、菠萝漆盏托、堆朱雕云纹红推光漆盒、褐色流彩漆茶叶罐、雕填太极纹推光漆盒、海棠形首饰盒、流彩漆大梅瓶、绿金斑菠萝漆菱花盒等。作品大多被国内外收藏家和博物馆收藏。

在三十年的实践中，他对徽州漆器的传承和发展做出了一定成绩，恢复了最为传统的徽州漆器古法制作技艺。例如：红黑推光、识文描金彩绘、雕纹凹凸推光、鹿角砂、金银平脱、堆漆、脱胎漆、雕填戗金、螺钿镶嵌等制作工艺。特别是菠萝漆、漆砂砚的传统技法得到了恢复，使得这一濒临失传的徽州漆器技艺重获新生。

在创作过程中，他精益求精，不断创新，力求创作出徽州漆器技术层面的新高度，形成了自己独特的技艺风格：1.保持传统文化中正、儒雅的风格，传承正统徽派漆艺文脉，坚持创新。2.扎根于徽派漆艺传统，在原材料与工艺上恪守天然大漆制作古法原则，探寻以精雅为风貌的徽派漆艺继续深化发展的最大可能性。3.坚持此生只做最好漆器的坚定信念，保持原创性和艺术高度，力求每道工序完美无瑕。

在菠萝漆制作过程中，创造性地加入了金箔为原料，以黄金的金属色泽替代了传统的黄色，使菠萝漆显得更加华美，给人以强烈的视觉冲击力和艺术感受。此种创作手法让菠萝漆这一传统的漆器艺术焕发出新时代的光彩。在天津电视台《拾遗保护》栏目中，对徽州漆艺——菠萝漆作了三期专题报道，系统地介绍了他的制作技艺和艺术成就，得到了专家学者的高度评价。

2010年6月，他在北京参加了由文化部组办的"巧夺天工——非物质文化遗产百名工艺大师技艺大展"。文化部副部长王文章先生参观他的菠萝漆作品后大为赞赏，挥笔题词："让传统的技艺焕发新时代的光彩。"同年6月，他在北京展览馆还接受了中央电视台的专题采访，"徽州漆艺——菠萝漆"的内容于同年6月18日的《新闻联播》节目中播出。他创作的漆器作品"绿金斑菠萝漆菱花盒"也被中国工艺美术馆收藏。

代表性作品：见展厅实物

展版、照片、作品：砚雕大师郑寒

郑寒，安徽省黄山市歙县人，1963年出生，擅长山水、人物、花鸟砚的制作。黄山市屯溪区政协委员，当代著名砚雕家，安徽省首批非物质文化遗产传承人，"中国首批非物质文化遗产——歙砚制作技艺"项目的主要代表人物之一。2009年4月，被中国轻工业联合会与中国文房四宝协会评为中国砚雕大师。

1997年，郑寒雕刻的"黄山胜迹印痕"砚，被选作李鹏总理赠送给日本明仁天皇的礼品。2004年1月28日，郑寒收到了国家外交部礼宾司签章颁发的荣誉证书，确认他制作的"中国龙"砚，"已作为胡锦涛主席的礼品，赠送给法国总统希拉克"。两件国礼，出自同一位砚雕家之手。

郑寒的作品刀法遒劲、老辣、简练，雕刻上深、透、镂，点、线、面的结合完美无缺。人物刻画栩栩如生，佛祖造像端庄慈祥，花鸟鱼虫活灵活现，每一件作品都体现出鬼斧神工、犹如神来之笔的精湛技艺。构思巧妙，擅用石色纹理是他的独到之处。其作品师古不拘古，继承传统而又突破传统。他认为制砚应"外师造化，中得心源"，应心与古会、心与天会，砚艺术乃真善美之物，应从生活中寻找美的感受，创作中崇尚自然，来源于自然的法则，达到融于心中、意于刀间、寻求复归自然的法则，通过精巧的构思，精心的制作，达到"厌于人意，合于天造"，"与天同契"的艺术珍品。

郑寒以其"创意擅用石型、俏色，作品文气凝重、古朴"和"构思巧妙精致，刀法简练流畅"的砚艺风格跻身"当代砚雕名家"行列，是我国歙砚艺术界公认的民间艺术代表性人物。

郑寒先生雕琢的"鱼"砚，堪称精品，张中行、张淑芬、张雅宗等专家一致说好。除石质精外，关键是作者的创意和雕刻技高。这是一块璞石，在歙石中却是难得上品，故作者尽可能地、恰到好处地保留了部分石皮，又因其长条椭形，故立意雕鱼。整条鱼在琢制后无一鳞片，但给人以鱼的感觉之佳妙，堪称一绝。砚堂开得极工，大小适度，形状得宜，使人感觉既规矩又舒服。而所采用的雕枝手法更是值得称道，充分利用石材的天然表皮外形，能不动刀的尽量不用刀刻。凡所需刻处，必精审不苟，在某些着刀处，又刻意留下刀锋，使人有一种民间艺术的泼辣之感。鱼头及其鳃、嘴、眼更是传神，"艺术之美，妙在似与不似之间"，感觉是一条比真鱼还"真"的鱼。像这样的砚，妙手亦是偶得，如果中国的新砚刻如此，也就可观了。在本次砚展中，这样高品味的砚也是极为罕见的。关键所在是砚工的文化素质，是砚工的艺术品味。"工欲善其事，必先利其器"，借用这个"器"字，在这里指的是人脑的高级思维活动。

代表性作品：见展厅实物

展版、照片、作品：木雕大师郑尧锦

郑尧锦出生于1972年，天资聪慧，感悟力强，受其叔叔影响，对传统木雕有着浓厚的兴趣。郑尧锦先生现为中国木作委员会沉香研究中心副主任，黄山市工艺美术协会常务副主席，安徽省工艺美术协会常务理事，安徽省非物质文化遗产徽州三雕——木雕的杰出传承人。

郑尧锦先生是依自身之性格、修养与观念去雕刻属于他自己的作品。他特别反对那种刻意标新立异、矫揉造作的所谓"独特风格",认为自然而和谐的事物都是美好的。雕刻家的任务是发掘并通过自己的艺术语言来表现这种自然而和谐的美。雕刻技巧、个性、风格都必须服从这一目的,而不能凌驾于它之上。雕刻家有选择表现技法的自由,却不能有违背自然、歪曲造化的权利。也就是说,雕刻家必须真正做到以造化为师,既不能虚情假意,也不能三心二意。

徽州曾经有过经济的辉煌,成就了独特的徽文化,为中国"三大地方显学"之首,数百年传薪不熄。徽州传统雕刻艺术分建筑物雕刻和文玩雕刻艺术,其文玩雕刻艺术是徽州传统雕刻艺术的精华,是"器不厌精"的文化手工艺术品,影响了中国几个朝代的文人艺术,至今仍是具有独特区域和稳定群创性,是"徽文化"重要显性物化标志。人们理解上的传统意义上的雕刻是建筑装饰雕刻,但徽州文玩雕刻艺术才是徽雕的精髓,才能代表徽雕艺术的高度。郑尧锦的雕刻艺术是以精巧儒雅为特色的徽雕艺术中新的"郑氏"风格与流派。

郑尧锦先生深知雕刻技巧的重要性。他以数十年之功,苦练技巧,终于进入了徽州木雕创作技法的自由境界,也找到了属于自己的艺术表达语言。他在传统徽派木雕风格的基础上,经过长期的研究和探索,形成了具有鲜明个性化的艺术语言。可以从原创、精微、意境、极致、区域特质等几个方面进行简单的概括。

原创:力图每一件作品的原创性是其多年不变的追求,创作难度大大地被增加,需要表现出良好的艺术素养。追求作品的原创性是其自我要求高度标准的体现，也是显示雕刻艺术作品从工艺品艺术化及深度化的必由之路。

精微：精微细腻的雕刻风格可以说是徽州雕刻艺术的重要特征，作为艺术品标准看待的新徽木雕，郑尧锦在这方面投入了更大的精力，创造出更加美妙绝伦的作品。对精微细腻的表达需要有超强传统刀法功力，也需要极强的造型驾驭能力。

意境：郑尧锦在追求作品形式美的同时，并重追求形式之外的意境之美，以求内容和形式的完美结合，或追求传统文人情怀的诗情画意，或追求哲学层面上的"寓教于乐"及对生活的美好祈愿，力图创作出作品的优雅和谐的情调与氛围。

极致：凡前人留下的艺术精品，或精或简，无不师法自然。郑尧锦的作品深得前人思想精髓，天人合一，表现自然，更是他的艺术宗旨。

区域特质：徽州雕刻不但有美化、装饰、标示、治家警世等功能，更有文人雅士直接参与构思创作。郑尧锦先生不锢于自己的创作思想，常和现代文化名流交流，吸收他人先进思想，并融入作品，使作品更具有新时代的创新精神。

学无止境，郑尧锦先生深知这亘古不变的道理，他平时不仅实地考察学习古徽雕作品，还努力钻研雕刻理论知识，拜请当地徽雕艺术名家进行研究讨论，相互学习，相互交流，以期共同提高。并吸收其他艺术流派之长，融会贯通，集各大成者，使郑尧锦先生在雕刻技艺上有了长足的进步。他懂得只有富有文化内涵的作品才是属于社会的，属于历史的。作为一个徽州雕刻传承人，只有细心领悟博大精深的徽文化，并高度提炼，使它形之于作品之上，才能提升作品的审美价值，永葆艺术青春。

代表性作品：（略）

展版、照片、作品：砖雕大师方新中

徽州砖雕的代表性人物主要有方新中。

方新中，男，1949年生，安徽歙县人。2002年，中国风景园林学会授予方新中"园林古建技术名师（砖雕）"称号。2005年11月，第九届中国黄山国际旅游节暨徽文化节组委会授予方新中"徽州民间工艺大师"荣誉称号。2007年5月23日，方新中入选文化部公示的第一批国家级非物质文化遗产项目代表性传承人推荐名单，6月5日被认定为国家级非物质文化遗产代表性传承人。

代表性作品：见展厅实物

展版、照片、作品：石雕大师冯有进

冯有进，自13岁便开始跟随祖父学习石雕的技艺。其技艺传承有序。能够熟练地掌握徽州建筑石雕技巧，从艺几十年来，收徒数十名，为了发扬徽派石雕艺术，创办了"黄山市屯溪徽派石雕工艺厂"，使这门技艺得以有效传承。其作品运用丰富的民间艺术语言、独特的传统工艺和精湛雕刻技巧，生动活泼而雅俗共赏，深受群众喜爱。诸如牌坊、石亭、石塔以及山水花鸟题材，雕刻都能随心应手。具有长久的艺术生命力和审美价值，目前已在国内外有一定的影响，现为国家级非物质文化遗产项目徽州三雕——石雕代表性传承人。

屯溪柳忠石雕厂生产的牌坊石雕精品，远销德国，徽州旅游工艺厂在1992年创作了微缩仿古石雕"许国石坊"，获得省工艺美术品博览会产品设计奖，次年又推出了大型石雕壁画《八百里黄山图》，画高2米，宽5.2米，用65块0.4米见方的优质江西玉山石料拼接而成。工艺上既全面继承了石雕中的诸多技法，又大胆吸收了国画皴法的某些成分。题材上，既能具象写实，又有意象发挥，使八百里黄山的松石云烟尽收于寻丈之中。这株石雕工艺新花，使徽派石雕显出独特的魅力和勃勃生机。

代表性作品：见展厅展品

......

竹溪堂名徒作品介绍及展示

结　语

　　黄山市雕刻艺术文化的发展处于重要的历史时期，作为一个秉承传统又有所创新的企业，任重而道远，既面临挑战也面临着机遇。对于文化企业来说，巨大的投入，较长的回报期，用工成本的不断增加都会成为文化企业发展的障碍。可以说，文化企业的跨越式发展，离不开企业自身的努力，更离不开政府和有关部门的引导和支持。相信在国家、省、市、区领导和有关部门的关心和重视下，黄山徽州雕刻艺术博物馆将会越做越好，取得长足进步，成为我市文化产业发展的新亮点。

　　正因为如此，我们力图通过这种展示艺术和实践过程与参观者一同予以检验。如果观众从参观中体验到我们的匠心设计或者说受到了富有表现力的感染，那将是对我们最有价值的表彰。

家有仙茗在高山

——黄山徽茶文化博物馆基本陈列

一、展览内容基本定位

  黄山老谢家徽茶文化博物馆是黄山市一家民营企业文化特色博物馆，其展陈内容应充分体现黄山老谢家茶历史文化的博大精深和多姿多彩，使之成为该企业文化的展示平台，达到对内是激励和教育员工、凝聚人心、培养文化认同的基地，对外是企业形象的窗口和公共文化服务体系的有机组成部分之目的。但展览不是写书，不可能也没有必要面面俱到，并且要考虑到展览空间的限制、展品的支撑，以及资金等因素，因此，我们在展览内容的处理上强调突出黄山茶和老谢家茶的历史文化特点和优势。也就是说，我们在基本陈列主题的确定、每个部分或单元内容的取舍上，主要彰显黄山茶和老谢家茶文化的重点和亮点，试图将黄山老谢家茶在中国历史文化发展中最突出的东西，或最有影响的，或最有地域特色的内容，或观众可能感兴趣的东西，传达给观众，旨在使观众能对黄山老谢家茶在中国历史文化上所居的地位、作用及影响有一个比较清晰、深刻的了解和认识，提升企业产品的影响及社会地位。

  基于这样的考虑，我们提炼的展览主题为"家有仙茗在高山"。主要内容包括"茶史——千载话茶香"、"茶萃——尘寰有神品"、"茶道——行止寄胸怀"、"茶艺茶礼——灵境交相悦"、"名士与茶——追忆似水流年"、"茶具——茗器盛薪海"六个部分。

  虽然基本陈列整个结构上呈散文式结构，每个单元具有相对独立性，但形散而神不散。每个部分和单元的主题都服从和服务于展览的总主题——"家有仙茗在高山";同时,在部分和单元顺序安排上,尽可能将内容性质相关或相近、或有逻辑关系的单元安排在一起。

在每个分(副)主题的内容取舍上,我们遵循"抓大放小"和"简单"的原则,重在宏观描述,突出重要内容或最有影响的东西,不面面俱到,不拘泥于细节描述,不过于复杂。

在展览的基本概念和观点方面,我们认为宜取主流概念和观点,不宜采纳太前沿的观点和概念。因为,展览面对的受众主要是普通观众,因此,展览传达的观点和概念应该是普遍的、简单的、广泛性、准确性、较成熟的观点和概念,而前沿的观点和概念尚待检验,学术史的发展表明,仅有20%前沿的观点和概念被证明最后是正确的。

二、陈列展览结构

序厅

第一部分 千载话茶香

第一单元:茶的起源

第二单元:魏晋茶文化——萌芽时期

第三单元:唐代茶文化——繁盛时期

第四单元:宋代茶文化——发展时期

第五单元:元代茶文化——延续时期

第六单元:明代茶文化——变革时期

第七单元：清代茶文化——传播时期

第八单元：新中国茶文化——辉煌时期

（茶具、手稿、家谱、加工工艺、历史遗址图片资料等）

第二部分　尘寰有神品

第一单元：徽茶文化

第二单元：种类繁多的徽茶

第三单元：风味独特的高山云雾

第四单元：独树一帜的黄山毛峰

第五单元："不散不翘"的太平猴魁

第六单元：芳香厚味的祁门红茶

第七单元：毛峰创新工艺制法

第八单元：老谢家茶的发展演变

（老谢家茶的主要产品分类、特点、荣誉与辉煌）

第三部分　行止寄胸怀

第一单元：茶道的发展历程

第二单元：茶道的基本精神

第三单元：茶道中的"天人合一"

第四单元：儒家精神和茶道精神

（投影）

第四部分　灵境交相悦

第一单元：多姿多彩的茶艺

第二单元：历史悠久的煮茶法

第三单元：流行一时的煎茶法

第四单元：妙趣横生的点茶法

第五单元：经久不衰的泡茶法

第六单元：茶艺美学的渊源

第七单元：茶艺美学的特质

第八单元：风雅的品饮环境

第九单元：风味各异的调饮

第十单元：茶人的鉴水之道

第十一单元：中国茶礼

（展品）

第五部分 追忆似水流年

第一单元：神农尝百草

第二单元：黄庭坚精于茶道

第三单元：乾隆品茶鉴水

第四单元：鲁迅喝茶是清福

第五单元：老舍独咏茶

第六单元：丰子恺偏爱茶馆

第七单元：林语堂三泡品茶味

茶俗、茶馆、茶文艺

藏族酥油茶

蒙古奶茶

七轩茶

福建功夫茶

成都盖碗茶

茶与婚俗

客来敬茶

第六部分　茗器盛薪海

第一单元：茶具的起源

第二单元：茶具的组成

第三单元：精美的唐代茶具

第四单元：奢侈的宋代茶具

第五单元：简约的元明茶具

第六单元：兴于明的紫砂壶

第七单元：清代的瓷质茶壶

第八单元：独特的茶具种类及铭文

第七部分　辅助展区

演艺区、休息观赏区

多媒体宣传区

产品展示珍藏区（会议接待室）

三、形式表现与陈列展览的要求

博物馆展览应该与时俱进，"贴近实际，贴近生活，贴近群众"，满足小康社会人民群众日益增长的精神文化需求。因此，博物馆展览首先是为普通大众服务的。为此，不仅在内容的选择和解读上，而且展览的形式表现和布展上，我们追求的风格是通俗易懂和轻松愉快。但是作为企业文化特色博物馆又应该遵循自身的特点，那就是展陈形式在服务观众的同时也要为企业的产品宣传服务。

（一）形式表现的基本要求

1.形式表现要强化故事性和情节性

今天的观众获取知识、信息的方式与过去不同，他们再也不会耐心地去阅读所谓系统的、干巴巴的知识传授。他们喜欢听故事，希望从故事和情节中去获得知识和信息。因此，展览首先要让观众耳目愉快，要感染观众，在观众爱看之后再把知识、信息传达给他们。为此，展览要将"文物和史迹"与"知识和信息"融入到情节性、故事性之中，用说故事的技术组织展览的内容，进而达到展览与观众之间知识、观点、信息、感觉和价值的沟通。

2.形式表现要理性材料与感性手段有机结合

所谓展览的理性材料，主要是指实物资料，而感性手段主要是指展览表现的辅助手段。展览是一种视觉和感性艺术。为了让观众读懂，喜爱展览和展品，需要借助感性的辅助手段来诠释实物展品及其背后蕴含的知识和信息。

3.形式表现要创造临场逼真的体验

观众喜欢临场逼真的体验，为此，展览要用"真实再现"的手段，"有根据地还原、重构"展品的使用环境和背景，如三维空间的实物造景、电脑三维影像虚拟、情景塑造或遗址复原。或让文字记载影像化，给观众"进入历史事件的感觉"，或让遥远的人类历史或自然风貌得以重现，使观众有身临其境般的震撼与感动。

4.形式表现要强化观众的参与性和互动性

参与互动是观众喜欢的体验。参与与互动展示可以起到启发观众、鼓励观众去实践和探索的作用，可以使展览更加生动活泼起来。为此，特别安排一系列参与互动设计，运用如电脑游戏、动画、多媒体、掀板式说明牌、益智问答、动手做、探索活动等，旨在塑造一个生动活泼、参与性高的参观学习环境，引导观众"耳听、眼看、手动、心跳"，赋予观众愉快的参观学习经验及更加宽广的想象空间。

5.利用高科技手段增强展览的表现力度

采用多媒体、3D动画、虚拟现实、影像处理等高科技辅助系统，使展示手段突破传统的文字图片加说明的做法，强化展览信息的传播和交流，增强展览的参与性、交互性和趣味性。

（二）陈列布展的基本要求

1.形式设计的总体要求：版面展示立体化，实物场景一体化，景观模型动态化，展示手段科技化。将展览内容的丰富性与展览方式的多样化、现代化和技术化有机地结合起来，形象深刻地揭示展览的主题和内涵，增强展览的生动性、观赏性、趣味性，以提高观众的参与性。

2.重视展览环境的营造：通过展厅环境设计、版面设计、文物展示设计、辅助展品设计、多媒体设计、展览家具设计、照明设计和文字设计等，将黄山老谢家徽茶文化的厚重和丰富的产品，与展览艺术的轻灵、活泼、流畅和典雅有机结合，营造一种庄重的、引人入胜、充满现代气息、富有艺术感染力的人文主义艺术氛围。

3.展厅布局和展线的安排：在对展厅的空间实际、展览内容和展品研究的基础上，合理安排各部分、各单元内容的平面布局和面积分配，做到布局得当，分割有致，聚散合理，疏密恰当，有张有弛。在展线安排上，科学安排展览的走向和展线，做到展线流畅，通透绵延，富有韵律和节奏感。

4.环境氛围设计：展厅环境设计和气氛营造要与建筑空间、展览内容完美结合，相互呼应，相得益彰，浑然一体，为观众创造一个舒适、和谐和温馨的参观环境。在强调整体环境气氛营造的同时，也要根据展览不同部分内容烘托的要求，区别环境的塑造，既要在统一中求变化，在变化中求统一。

5.科学合理地安排展览的信息流：展览是通过文字、实物展品、辅助展品（景观、模型、多媒体、雕塑、全景画等）、多媒体等向观众传递信息的一种特殊的传播媒介。为了达到使观众轻松容易地接受展览要传递的信息，必须清晰、分层次地安排展览的信息流，满足不同观众对信息的不同需求。

6.注重人性化设计，从观众参观的生理和心理特点出发，科学把握展览的节奏和韵律：展线的长短、文物的多寡、辅助展品的多少、展览信息的层次，要从观众参观的兴奋度和疲劳度的规律出发，科学把握展览的节奏和韵律。合理安排展线长短、文物和辅助展品的疏密程度、信息层次和信息量，做到节奏恰当，有疏有密，有张有弛，富有韵律。

7.展示艺术手段和风格力求开拓创新：注意将传统陈列制作工艺与现代科技材料结合、静止的文物展示与流动的电脑动画结合、大型的场景复原与精美的展示道具结合，提高展览的科技含量，凸现展览的亮点，营造出典雅、大方、轻灵的艺术氛围。

8.展览取材讲究，制作严谨精细：展柜、道具及其他装饰材料的取材要讲究，注意善于利用材质的肌理和质感来映衬展览的内容，增强展览的艺术表现力；家具、道具、辅助展品的制作和工艺要严谨精细，有技术和安全的支撑和保障。

序 厅

前 言

　　早在一千多年前的唐代，居住在黄山富溪源的谢氏家族，世代以茶为生，创研了植茶制茶的真经。宋代嘉祐元年（1056年），谢家族人独创了一套"炒、揉、烘"的制茶工艺，即黄山毛峰茶的制作工艺，由此谢氏黄山茶名声大噪。至明代隆庆年间，谢家茶业达到鼎盛，成为敬献朝廷必备的贡品。这种产于黄山富溪源的高山云雾茶，就是现在誉满全球的"黄山毛峰"茶。谢家茶园零星分布在黄山富溪海拔近千米的高山深谷之中，茶树终日与野花、森林相伴，与山泉、山雀为伍，在云雾中呼吸，在霞光中成长。得日月之精华，高山茶树在原生态环境中同生长，共繁荣。

　　让我们通过展览，走入历史时代的老谢家茶，去感受黄山徽茶文化博大精深的内涵，欣赏黄山徽茶文化绚丽多彩的形态！

第一部分　千载话茶香

本部分主要由八个单元组成，一是关于茶的历史，即"茶的起源"；二是关于"茶文化"，旨在向观众介绍中国茶特定的"历史文化信息"以及由此孕育发展的茶文化，为后面黄山老谢家徽茶文化展示内容的展开做铺垫。

传播目的：主要通过徽州优美自然山水环境的全景式展示，旨在让观众获得这样的感觉——徽州自古以来就是产茶的好地方，是人居的理想之地，是休闲旅游的胜地，吸引、鼓励和引导观众参观游览徽州自然风光及领略茶文化的历史风貌。

展示内容：黄山产茶区域的景观照片（如黄山风景名胜区，黄山毛峰核心产区景貌，丰乐水库环岛茶园，黄山毛峰千米高山茶园，黄山毛峰原产地富溪茶园。各种茶具、手稿、家谱、加工工艺、历史遗址图片资料等。

支撑材料：沙盘、地图、场景、图片、影视、灯箱片、布景箱或数字投影。

解读角度：旅游学、环境学、历史学、文献学。

形式提示：形式风格要唯美、轻松、大气和舒展。

第一单元　茶的起源

饮茶在我国有着源远流长的历史。茶文化是人类参与物质、精神创造活动的结果。

我国是茶的原产地。据传早在四千多年以前，我们的祖先就开始饮茶了。最初是把茶当作食物来利用的，在长期食用的过程中，人类认识了茶的药用功能。史料记载，秦汉之际，民间把茶当饮料，起始于巴蜀地区。东汉以后饮茶之风向江南一带发展，继而进入长江以北地区。

秦汉之际至魏晋南北朝时期，饮茶的人渐渐多起来。有不少古代典籍描述了茶的药性。当时人们认为茶的药物作用主要有悦志、益思、少眠、轻身、有力、明目、醒酒的功效。三国时期又明确提出了茶有助消化的功能，其作用十分明显。

总而言之，茶最突出、最强烈的功能就是使人兴奋，这正是茶从食物经过药物阶段转变成饮料的决定性因素，于是茶便从羹饮，即作为汤来食用逐渐转化成作为饮料来饮用。

茶由食用到药用到饮用的逐渐变化过程，也是人类对茶的认识的逐渐深化过程，在这一过程中，人类逐渐忽略了茶的那些不突出、不重要的功效，把握了茶能"令人兴奋"的最突出、最重要的功效，并根据这种特殊功效采用了"饮用"的方式，于是茶在中国终于成为了一种饮料。

第二单元　魏晋茶文化——萌芽时期

茶饮方法在经历含嚼吸汁、生煮羹饮阶段后,至魏晋南北朝时,开始进入烹煮饮用阶段。当时,在长江以南地区,将茶当作饮料饮用已经相当普遍,但在饮用形式上仍沿袭着羹饮。而在饮用时间上已逐渐与吃饭分离,即饭后饮茶;另一种是与茶完全无关的饮茶,大约相当于客来敬茶。在这个时期,将茶当作饮料是一种普遍的现象,占据着主导地位。饮茶的风尚和方式,则主要有以茶品尝、以茶伴果而饮、茶粥等多种类型。这些都是茶进入文化领域的物质基础。

茶作为自然物质进入文化领域,是从它被当作饮料并发现其对精神有积极作用开始的。值得重视的是,茶文化一出现,就是作为一种健康、高雅的精神力量来与两晋的奢侈之风相对抗,进入文化精神领域的。

图版

1. 以茶养廉

魏晋南北朝时期,门阀制度盛行,官吏及士人皆以夸豪斗富为美,"侈汰之害,甚于天灾",奢侈荒淫的纵欲主义使世风日下,深为一些有识之士痛心疾首，一些有识之士提出了"养廉"的问题，于是社会上出现以茶养廉示俭的一些事例，如陆纳以茶待客、桓温以茶代酒宴、南齐世祖武皇帝以茶示俭等。陆纳、桓温等一批政治家提倡以茶养廉、示俭的本意在于纠正社会不良风气，而茶则成了节俭生活作风的象征，这体现了当权者和有识之士的思想导向：以茶倡廉抗奢。"儒家提倡温、良、恭、俭、让与和为贵，修养途径是穷独兼达、正己正人，既要积极进取，又要洁身自好。"这使茶从另外一个角度超越了自然功效的范围，通过与儒家思想的联系，进入了人的精神生活，并开启了"以茶养廉"的茶文化传统。

2.进入宗教

魏晋时期，社会上有吃药以求长生的风气，这主要是因为受到道教的影响，当时人们认为饮茶可以养生、长寿，还能修仙，茶由此开始进入宗教领域。如《陶弘景新录》："茶茗轻身换骨。昔丹丘子黄山君服之。"《壶居士食忌》："苦茶久食羽化，与韭同食令人体重。"等等，而道家修炼气功要打坐、内省，茶对清醒头脑、疏通经络有一定作用，于是出现一些饮茶可羽化成仙的故事和传说。这些故事和传说在《续搜神记》、《杂录》等书中均有记载。

南北朝时期佛教开始兴起，当时战乱不已，僧人倡导饮茶，也使饮茶有了佛教色彩，促进了"茶禅一味"思想的产生。

3.文人赞颂

魏晋时，茶开始成为文人赞颂、吟咏的对象，已有文人直接或间接地以诗文赞吟茗饮，如杜育的《荈赋》、孙楚的《出歌》、左思的《娇女诗》等。其中，有的是完整意义上的茶文学作品，也有的是在诗中赞美了茶饮，一些文人名士既饮酒又喝茶。以茶助兴，开了清谈饮茶之风，出现一些文人名士饮茶的轶闻趣事。

总之，魏晋南北朝时期，茶饮已被一些王公显贵和文人雅士看作是高雅的精神享受和表达志向的手段，并开始与宗教思想结合起来。虽说这一阶段还是茶文化的萌芽期，但已显示出其独特的魅力。

第三单元　唐代茶文化——繁盛时期

唐代是中国封建社会的顶峰，也是封建文化的高潮。它形成了一个国家统一、国力强盛、经济繁荣、社会安定、文化空前发展的局面。特别是盛唐时期，社会上呈现出一种相对太平繁荣的景象，整个社会弥漫着一种青春奋发的情绪，创造力蓬勃旺盛。在承袭汉魏六朝的传统，同时融合了各少数民族及外来文化精华的基础上，音乐、歌舞、绘画、工艺、诗歌等都以新颖的风格发展起来，成为中国历史上的辉煌时期。在这样的社会条件下，饮茶风气盛行，加上佛教、道教的兴盛对饮茶风气的形成所起的推动作用，为茶文化的继续发展打下了扎实的社会基础。随着饮茶风尚的扩展，儒、道、佛三教思想的渗入，唐代的茶文化逐渐形成独立完整的体系。

此外，唐代饮茶普及主要还表现茶肆遍天下，茗为人饮，与盐粟同资，茶被视为"赐名臣，留上客"的珍品，僧人普遍饮茶并转相仿效，文人特别好饮、喜饮等方面。

图版

1.茶肆遍天下。《封氏闻见录》卷六《饮茶》中说："自邹、齐、沧、隶，渐至京邑城市，多开店铺，煎茶卖之，不问道俗，投钱取饮。"民间还有茶亭、茶棚、茶房、茶轩和茶社等设施，供自己和众人饮茶。

2.茗为人饮，与盐粟同资。唐代上至王公显贵、王公朝士，下至僧侣道士、文人雅士、黎民百姓，几乎所有人都饮茶。唐穆宗时人李珏说："茶为食物，无异米盐，人之所资，远近同俗。既蠲渴乏，难舍斯须。至于天间之间，嗜好尤切。"（《全唐文》第八册）至中唐茶已成为社会生活不可缺少的物品，成为"比屋之饮"（陆羽《茶经·六之饮》）。

3.茶被视为"赐名臣，留上客"（顾况《茶赋》）的珍品。随着饮茶日趋普遍，人们以茶待客蔚然成风，并出现了一种新的宴请形式"茶宴"。唐人把茶看作比钱更重要的上乘礼物馈赠亲友，寓深情与厚谊于茗中，"愧君千里分滋味，寄与春风酒渴人"（李群玉《答友人寄新茗》）。

4.僧人普遍饮茶并转相仿效。唐代寺庙众多，又是佛教禅宗迅速普及的时期，信徒遍布全国各地，饮茶风气盛行。"……学禅务于不寐，又不夕食，皆许其饮茶。人自怀挟，到处煮饮。从此转相仿效，遂成风俗。"（《封氏闻见录》）这段话的意思就是说，世俗社会的人们对僧人加以仿效，加快了饮茶的普及，并且很快成为流行于整个社会的习俗。

5.文人特别好饮、喜饮。文人嗜茶者众多，如大诗人白居易，他一生嗜茶并作诗存世，如每天吃早茶（"起尝一瓯茗"《官舍》）、午茶（午睡"起来两瓯茶"《食后》）、晚茶（"晚送一瓯茶"《管闲事》），自称"竟日何所为，或饮一瓯茶，或吟两句诗"（《首夏问病》）；有些文人僧侣将啜茗与游玩茶山合而为一，如杜牧等人笙歌画舫踏茶山，他因病断酒,"犹得作茶仙"(杜牧《春日茶山病不饮酒呈宾客》);刘禹锡也说:"何处人间似仙境,春山携妓采茶时。"(《洛中送韩七中丞之吴兴口号》)

文人从好饮、喜饮,进而深入观察、研究,总结种茶和制茶经验。品茗技艺的作品相继问世,代表性论著有陆羽的《茶经》、张又新的《煎茶水记》、温庭筠的《采茶录》等。

第四单元　宋代茶文化——发展时期

茶兴于唐而盛于宋。宋代的茶叶生产空前发展,饮茶之风非常盛行,既形成了豪华极致的宫廷茶文化,又兴起了趣味盎然的市民茶文化。宋代茶文化还继承唐人注重精神意趣的文化传统,把儒学的内省观念渗透到茶饮之中,又将品茶贯彻于各阶层的日常生活和礼仪之中,由此一直沿袭到元明清各代。

与唐代相比,宋代茶文化在以下三方面呈现了显著的特点。

1.形成精细制作的茶工艺

宋代的气候转冷,常年平均气温比唐代低2—3℃,特别是在一次寒潮袭击下,众多茶树受到冻害,茶叶生产遭到严重破坏,于是生产贡茶的任务南移。太平兴国二年(977年),宋太宗为了"取象于龙凤,以别庶饮,由此入贡",派遣官员到福建建安北苑,专门监制"龙凤茶"。龙凤茶是用定型模具压制茶膏,并刻上龙、凤、花、草图案的一种饼茶。压模成形的茶饼上,有龙凤的造型。龙是皇帝的象征,凤是吉祥之物,龙凤茶不同于一般的茶，它显示了皇帝的尊贵和皇室与贫民的区别。在监制龙凤茶的过程中，先有丁谓后是蔡襄等官员对饼茶进行了改造，使其更加精益求精。故宋徽宗在《大观茶论》中写道："采择之精，制作之工，品第之胜，烹点之妙，莫不成造其极。"

宋代创制的龙凤茶，把我国古代蒸青团茶的制作工艺推向一个历史高峰，拓宽了茶的审美范围。即由对色、香、味的品尝，扩展到对形的欣赏，为后代茶叶形制艺术发展奠定了审美基础。现今云南产的圆茶、七子饼茶之类和旧中国一些茶店里还能见到的龙团、凤髓的名茶招牌，就是沿袭宋代龙凤茶而遗留的一些痕迹。

2.斗茶习俗和分茶技艺

宋代的饮茶方式，由唐代的煎茶法演变为点茶法，与这种点茶法相应的是出现了斗茶。斗茶又称茗战，就是品茗比赛，把茶叶质量的评比当作一场战斗来对待。由于宫廷、寺庙、文人聚会中茶宴的逐步盛行，特别是一些地方官吏和权贵为博帝王的欢心，千方百计献上优质贡茶。为此先要比试茶的质量，这种起源于福建的斗茶时尚便日益盛行起来。

范仲淹描写茗战的情况说:"胜若登仙不可攀,输同降将无穷耻。"(《和章岷从事斗茶歌》)斗茶不仅在上层社会盛行,还逐渐遍及全国,普及到民间。唐寅的《斗茶记》记其事说:"政和二年,三月壬戌,二三君子,相与斗茶于寄傲斋。予为取龙塘水烹之,而第其品,以某为上,某次之。"三五知己,各取所藏好茶,轮流品尝,决出名次,以分高下。类似的情景,许多古籍中也有记载。直到今天,福建各产茶县仍有每年评比茶王的活动,很有可能就是这种斗茶遗风的延续。

宋代还流行一种技巧性很高的烹茶技艺,叫作分茶。宋代陶谷的《清异录·百戏茶》中说:"近世有下汤适匕,别施妙诀,使汤纹水脉成物象者。禽兽虫鱼花草之属,纤巧如画,但须臾即就散灭。此茶之变也。时人谓'茶百戏'。"玩这种游艺时,碾茶为末,注之以汤,以筅击拂,这时盏面上的汤纹就会变化出各种图样来,犹如一幅幅水墨画,所以有"水丹青"之称。

斗茶和分茶在点茶技艺方面有相同之处,但就其性质而言,斗茶是一种茶俗,分茶则主要是茶艺,两者既有联系,又有区别,都体现了茶文化的文化意蕴。

3.茶馆兴盛,茶馆文化发达

茶馆,又叫茶楼、茶肆、茶坊等,简而言之,是以营业为目的,供客人饮茶的场所。唐代是茶馆的形成期,宋代是茶馆的兴盛期。五代十国以后,随着城市经济的发展与繁荣,茶馆、茶楼也迅速发展和繁荣。

京城汴京是北宋时期的政治、经济、文化中心,又是北方的交通要道,当时茶馆鳞次栉比,尤以闹市和居民集中居住地为盛。南宋建都临安

（今杭州）后，茶馆有盛无衰，"处处有茶坊、酒肆、面店、果子、采帛、绒线、香烛、油酱、食米、下饭鱼肉鲞、腊等铺"（《梦粱录》卷十三《铺席》）。《都城纪胜》说城内的茶坊很考究，文化氛围浓郁，室内"张挂名人书画"，供人消遣。《梦粱录》也说："今杭城茶肆亦……插四时花，挂名人画，装点门面。"茶坊里卖奇茶异汤，冬月添卖七宝擂茶、馓子、葱茶、盐豉汤；暑月添卖雪泡梅花酒。

大城市里茶馆兴盛，山乡集镇的茶店、茶馆也遍地皆是，只是设施比较简陋。它们或设在山镇，或设于水乡，凡有人群处，必有茶馆。南宋洪迈写的《夷坚志》中，提到茶肆多达百余处，说明随着社会经济的发展，茶馆逐渐兴盛起来，茶馆文化也日益发达。

第五单元　元代茶文化——延续时期

茶文化自宋代深入市民阶层后，各种茶文化表现形式不仅继续在宫廷、宗教、文人士大夫等阶层中延续和发展，茶文化的精神也进一步植根于广大民众之间，士、农、工、商都把饮茶作为友人聚会、人际交往的媒介。不同地区、不同民族有极为丰富的"茶民俗"。

元代则是中国茶文化经过唐、宋的发展高峰，也是明、清继续发展之间一个承上启下的时期。元代虽然由于历史的短暂与局限，没能呈现茶文化的辉煌，但在茶学和茶文化方面仍然继续唐宋以来的优秀传统，并有所发展创新。

原来与茶无缘的蒙古族，自入主中原后，逐渐开始注意学习汉族文化，接受茶文化的熏陶，而汉民族文化受到北方游牧民族的冲击，对茶文化的影响就是饮茶的形式从精细转入随意，已开始出现散茶。饼茶主要为皇室宫廷所用，民间则以散茶为主。由于散茶的普及流行，茶叶的加工制作开始出现炒青技术，花茶的加工制作也形成完整的系统。汉、蒙饮食文化交流，还形成具有蒙古特色的饮茶方式，开始出现泡茶方式。这些为明代炒青散茶的兴起奠定了基础。

小展版：

"大官汤羊厌肥腻，玉瓯初进江南茶。"（元·马祖常《和王左司竹枝词十首》）

"上而王公贵人所尚，下而小夫贱隶之所不可缺，诚民生日用之所资。"（王祯《农书》）

"玉磨末茶一匙，入碗内研习，百沸汤点之。"（无名氏《居家必用事类全集》）

"饮一杯金谷酒，分七碗玉川茶。嗏！不强如坐三日县官衙。"（张可久《寨儿令·春思次韵》）"香梅梢上扫雪片烹茶。"（乔吉）

第六单元：明代茶文化——变革时期

明代饮茶风气鼎盛，是中国古代茶文化又一个兴盛期的开始。明太祖朱元璋于洪武二十四年下诏："罢造龙团，惟采茶芽以进。"从此向皇室进贡的茶，只要芽叶形的蒸青散茶。皇室提倡饮用散茶，民间自然蔚然成风，并且将煎煮法改为随冲泡随饮用的冲泡法，这是饮茶方法上的一次革新。从此，饮用冲泡散茶成为当时主流。改变了我国千古相沿成习的饮茶法。这种冲泡法，对于茶叶加工技术的进步，以及花茶、乌龙茶、红茶等茶类的兴起和发展，起到了巨大的推动作用。由于泡茶简便，茶类众多，烹点茶叶成为人们一大嗜好，饮茶之风更为普及。

图版

1. 紫砂茶具

紫砂茶具始于宋代，到明代，由于横贯各文化领域潮流的影响、文人的积极参与和倡导、紫砂制造业水平提高和即时冲泡的散茶流行等多种原因，逐渐异军突起，代表一个新的方向和潮流而走上了繁荣之路。

宜兴紫砂茶壶的制作，相传始于明代正德年间。当时宜兴东南有座金沙寺，寺中有位被尊为金沙僧的和尚，平生嗜茶。他选取当地产的紫砂细砂，用手捏成圆坯，安上盖、柄、嘴，经窑中焙烧，制成了中国最早的紫砂壶。此后，有个叫龚（供）春的家童跟随主人到金沙寺侍读，他巧仿老僧，学会了制壶技艺。所制壶被后人称为供春壶，有"供春之壶，胜如白玉"之说。龚（供）春也被称为紫砂壶真正意义上的鼻祖，第一位制壶大师。

明万历年间，出现了董翰、赵梁、元畅、时朋"四家"。

后又出现时大彬、李仲芳、徐友泉"三大壶中妙手"。

随着一大批制壶名家的出现，在文人的推动下，紫砂茶具形成了不同的流派，并最终形成了一门独立的艺术。

小展版

"今吴中较茶者，必言宜兴瓷。"（周容《宜瓷壶记》）

"一壶重不数两,价值每一二十金,能使土与黄金争价。"(周高起《阳羡茗壶系》)

照片

成为为茶著书立说的兴盛期。中国是最早为茶著书立说的国家,明代达到一个兴盛期,而且形成鲜明特色。

明太祖第十七子朱权《茶谱》一书,对饮茶之人、饮茶之环境、饮茶之方法、饮茶之礼仪等作了详细介绍。

陆树声在《茶寮记》中,提倡于小园之中,设立茶室,有茶灶、茶炉,窗明几净,颇有远俗雅意,强调的是自然和谐美。

张源在《茶录》中说:"造时精,藏时燥,泡时洁。精、燥、洁,茶道尽矣。"这句话从一个角度简明扼要地阐明了茶道真谛。

明代在茶文化艺术方面的成就也较大,除了茶诗、茶画外,还产生了众多的茶歌、茶戏,有几首反映茶农疾苦、讥讽时政的茶诗,历史价值颇

高，如高启的《采茶词》等。

第七单元　清代茶文化——传播时期

　　清代沿袭了明朝的政治体制和文化观念，由明代形成的茶文化的又一个历史高峰，在清初一段时间以后继续得到延续发展，形成更为讲究的饮茶风尚。清朝满族祖先本是中国东北地区的游猎民族，以肉食为主，进入北京成为统治者后，养尊处优，需要消化功效大的茶叶饮料。于是普洱茶、女儿茶、普洱茶膏等深受帝王、后妃、吃皇粮的贵族们喜爱，有的用于泡饮，有的用于熬煮奶茶。清代的宫廷茶宴也远多于唐宋。宫廷饮茶的规模和礼俗较前代有所发展，在宫廷礼仪中扮演着重要的角色。

　　清代茶文化一个重要的现象就是茶在民间的普及，并与寻常日用结合，成为民间礼俗的一个组成部分。饮茶在民间普及的一个重要标志就是茶馆如雨后春笋般出现，成为各阶层包括普通百姓进行社会活动的一个重要场所。

　　茶叶外销的历史高峰形成。清朝初期，以英国为首的资本主义国家开始大量从我国引进茶叶，使我国茶叶向海外的输出猛增。茶叶的输出常伴以茶文化的交流和影响。英国的茶饮逐渐普及，并形成了特有的饮茶风俗，讲究冲泡技艺和礼节，其中有很多中国茶礼的痕迹。

　　图版

　　清乾隆时期，重华宫所办的"三清茶宴"。"三清茶宴"为清高宗弘历所创，目的在于"示惠朕情"，自乾隆八年起固定在重华宫，因此也称重华宫茶宴。"三清茶宴"于每年正月初二至初十间择日举行，参加者多为词臣，如大学士、九卿及内廷翰林。每次举行时，须择一宫廷时事为主题，群臣联句吟咏。宴会所用"三清茶"是乾隆皇帝亲自创设，系采用梅花、佛手、松实入茶，以雪水烹之而成。乾隆认为，以上三种物品皆属清雅之物，以之瀹茶，具幽香而"不致溷茶叶"。

"杭俗烹茶，用细茗置茶瓯，以沸汤点之，名为摄泡。"（陈师《茶考》）

鸦片战争相关照片

鸦片战争的爆发与茶叶贸易有直接关系。清代中期前，各资本主义国家对华贸易量最大的要算英国，英国需要进口我国大量的货物，其中茶叶居多，但英国又拿不出对等的物资与中国交换，英中双方贸易出现逆差，英国每年要拿出大量的白银支付给中国，这对当时的英国十分不利。为改变这种状况和加强对中国的经济侵略，英国就大量向中国倾销鸦片毒害中国人民，并采取外交与武力威胁相结合的手段，先后向我国发动了两次鸦片战争。战争的结果是腐败无能的清政府同以英国为首的外国资本主义国家签订了一系列不平等条约。自此，英国垄断控制了华茶外销，美国、日本勾结抵制华茶外销，日本千方百计侵占华茶市场，使中国茶叶对外贸易一度一落千丈。

古书照片

茶文化开始成为小说描写对象。诗文、歌舞、戏曲等文艺形式中描绘茶的内容很多。清代是我国小说创作极为繁荣的时期，不但数量大，而且反映了清代政治、经济以及文化的各个方面。在众多小说话本如《镜花缘》、《儒林外史》、《红楼梦》等书中，茶文化的内容都得到了充分展现，成为当时社会生活最为生动、形象的写照。

对于《红楼梦》来说，"一部《红楼梦》，满纸茶叶香"，书中言及茶的地方达二百六十多处，咏茶诗词（联句）有十多首。它所载形形式式的饮茶方式、丰富多彩的名茶品种、珍奇的古玩茶具和讲究非凡的沏茶用水等，是我国历代文学作品中记述和描绘得最全面的。它集明代后期至清代二百多年间各类饮茶文化大成，形象地再现了当时上至皇室官宦、文人学士，下至平民百姓的饮茶风俗。

文史资料：《清稗类钞》

一些醉心于茶的人们，在清后期传统茶文化处于一个日趋衰落的过程中，仍然坚守着饮茶精神，将他们的真知灼见以及对民间饮茶的思考融会到诗歌、小说、笔记小品以及其他的著述之中，比较有代表性的如清末民初人徐珂的《清稗类钞》。该书中关于清代茶事的记载比比皆是，几乎可以说是时人饮茶的"实录"，也可以说是清代茶道与清人"茶癖"的全景写照。

清末至新中国成立前的一百多年，资本主义入侵，战争频繁，社会动乱，传统的中国茶文化日渐衰微，饮茶之道在中国大部分地区逐渐趋于简化，但这并非是中国茶文化的终结。从总趋势看，中国的茶文化是在向下层延伸，这更丰富了它的内容，也更增强了它的生命力。在清末民初的社会中，城市乡镇的茶馆茶肆林立，大碗茶比比皆是，盛暑季节道路上的茶亭及乐善好施的大茶缸处处可见。"客来敬茶"已成为普通人家的礼仪美德。由于制作工艺的发展，基本形成了今天的六大茶类。

第八单元　新中国茶文化——辉煌时期

新中国诞生后，政府高度重视茶叶经济，茶叶生产有了飞速发展。新中国成立初期，百业待兴，茶文化活动未能成为重点提倡的文化事业，但是自唐宋以来勃兴的茶馆业在大小城镇仍然长盛不衰，有的茶馆和民间曲艺演出结合在一起，成为民间文化活动的重要阵地。

在"文化大革命"期间，茶文化曾受到一定的冲击，茶文化的作品受到批判，茶馆业也一度受到严重的摧残。不过民间的饮茶风习早已成为日常生活的一部分，客来敬茶、以茶待客已成为中华民族的优良传统。

改革开放后，特别是在20世纪80年代后期，随着人们的物质和文化生活的改善，在国内外各种因素的促进下，中国的茶文化出现蓬勃发展的态势。改革开放以后所形成的现代茶文化与古代茶文化相比，更具时代特点。不但使以中国茶文化为核心的东方茶文化在世界范围内掀起一个热潮，而且内涵更为博大精深。它既有人文历史，又有科学技术；既有学术理论，又有生活实践；既有传统文化，又有推陈出新。因此，这是继唐宋以来，茶文化出现的又一个新高潮，被称为"再现辉煌期"。

文艺照片

福建民间舞蹈《采茶扑蝶》

浙江创作的音乐舞蹈《采茶舞曲》

江西创作的歌曲《请茶歌》

老舍创作的三幕话剧《茶馆》

江西创作的赣南采茶戏《茶童哥》

彩色电影《茶童戏主》

茶艺照片

茶艺活动场所迅猛涌现，已成为一种新兴产业。

茶艺表演：如清明茶宴、新春茶话会、茗香笔会、新婚茶会、品茗洽谈会等。

茶文化社团照片

众多茶文化社团的成立，对弘扬茶文化、引导茶文化步入文明健康发展之路和促进"两个文明"建设，起到了重要作用。

杭州"中国国际茶文化研究会"。

北京"中华茶人联谊会"。

浙江湖州的"陆羽茶文化研究会"、广东的"广州市茶文化促进学会"等。

茶文化节和国际茶会照片：中国茶业流通协会的《茶世界》

西湖国际茶会

上海国际茶文化节

武夷岩茶节

普洱茶国际研讨会

法门寺国际茶会等

茶文化专题性国际学术研讨，如中国杭州和上海、美国、日本、韩国等相继围绕以茶养生专题，举行"茶·品质·人体健康"等学术研讨会等。

茶文化书刊照片

"中国茶文化专号"

北京中华茶人联谊会的《中华茶人》

杭州的《茶博览》

上海的《茶报》（2005年改名为《上海茶业》）

各省市茶叶学会及茶文化社团编辑的茶刊也大量刊登茶文化、茶科技、茶经济的文章。

茶文化节和茶文化研讨会等重大活动中论文集。

茶学院校及茶叶研究所国际茶文化团体照片

中国已有九所农业院校设有茶学专业，培养茶业专门人才，有的高等院校还设有茶文化专门课程或茶文化研究所。在一些主要的产茶区也设有相应的省级茶叶研究所。

上海"当代茶圣"吴觉农纪念馆

四川茶叶博物馆

杭州中国茶叶博物馆等

世界茶文化，特别是东方茶文化的发展也已进入一个新的发展时期。

日本的日本中国茶沙龙和日本中国茶协会

韩国的韩国茶道协会

韩国茶人联合会和韩国陆羽茶经研究会

北美茶科学文化交流协会等

第二部分　尘寰有神品

本部分主要由八个单元组成，主要是展示徽茶文化方面的历史知识、种类等，并突出展示老谢家茶的主要产品分类、特点、传统制茶、采茶工具。给观众留下深刻的印象。

传播目的：主要通过徽茶方面的历史知识、实物图片资料，以及模拟场景及互动设置，吸引观众参与徽茶的制作等，使观众领略徽茶文化的博大精深。

展示内容：徽州古村落、富溪茶园景观照片。各种茶具、手稿、家谱、加工工艺、历史遗址图片资料等。

支撑材料：沙盘、地图、场景、图片、影视、灯箱片、布景箱或数字投影。

解读角度：旅游学、环境学、历史学、文献学。

形式提示：形式风格要唯美、轻松、大气和舒展。

主题说明

第一单元　徽茶文化

徽州自古以山清水秀、文风昌盛、商贾众多、特产丰富而蜚声海内外。徽派文化独树一帜，新安理学、新安医学、新安画派、徽雕、徽菜、徽茶等，以其卓越的声誉著称于世。

人类生活离不开中国茶，更离不开徽茶。在中国传统十大历史名茶中，徽茶独占四种，因此徽茶文化是中国茶文化的重要成员之一。徽茶文化包含着中国传统文化中儒、释、道精髓——"和合"文化。以茶为媒，以茶作礼，以茶待客，以茶健身，以茶廉政，以茶兴农，以茶促贸，从而增强人们相互之间的友谊和交流。

徽茶、徽商、徽文化之间有着密切的关系。根植于徽商基础上的徽茶文化，茶的特色很浓。徽州茶商从小就受到传统文化教育的熏陶和滋养，早有贾而好儒、亦贾亦儒的风尚。

徽茶文化更离不开徽派文化的支撑，正由于厚重的徽派文化底蕴，才成就一杯徽茶的香逸，一杯徽茶的内蕴。每当我们在讲述徽茶文化的历史，同样也在演绎着徽派文化的历史。徽派文化与徽茶文化紧密相连，密不可分，缺一不可。

第二单元　种类繁多的徽茶

茶叶品种繁多，其中中国最多。中国目前茶叶分类尚未有统一的方法，按照不同的标准有不同的分类方法。其中安徽农业大学陈椽教授提出的按制法和品质为基础，以茶多酚氧化程度为序把初制茶叶分为绿茶、黄茶、黑茶、青茶、白茶和红茶六大茶类。这种方法已被业界广泛应用。此外，结合茶叶的商品形态可把茶叶分成红茶、绿茶、花茶、乌龙茶、白茶、紧压茶和速溶茶七大茶类。

在国外，茶叶分类比较简单，欧洲把茶叶按商品特性分为红茶、乌龙茶、绿茶三大茶类。日本则按茶叶发酵程度不同分为不发酵茶、半发酵茶、全发酵茶、后发酵茶。

徽茶则主要是有绿茶和红茶之分。目前恢复、开发的新老名茶有30多个品种，其中祁红、屯绿多次荣膺国际金、银奖；黄山毛峰、太平猴魁、顶谷大方、祁门红茶被列为中国十大极品名茶之中；黄山毛峰被选为国家外交礼品茶。

图版及实物展品

黄山毛峰

黄山毛峰，中国历史名茶之一，徽茶，属于绿茶。产于安徽省黄山。由明代谢氏创制的黄山云雾茶演变而来。每年清明谷雨，选摘初展肥壮嫩芽，手工炒制，该茶外形微卷，状似雀舌，绿中泛黄，银毫显露，且带有金黄色鱼叶（俗称黄金片）。入杯冲泡雾气结顶，汤色清碧微黄，叶底黄绿有活力，滋味醇甘，香气如兰，韵味深长。由于新制茶叶白毫披身，芽尖峰芒，且鲜叶采自黄山高峰，遂将该茶取名为黄山毛峰。

祁门红茶

祁门红茶，中国历史名茶。著名红茶精品，简称"祁红"，产于安徽省祁门、东至、贵池、石台、黟县等地。"祁红特绝群芳最，清誉高香不二门。"祁门红茶是红茶中的极品，享有盛誉，是英国女王和王室的至爱饮品，高香美誉，香名远播，美称"群芳最"、"红茶皇后"。

屯溪绿茶

屯溪绿茶简称"屯绿"，又称"眉茶"。屯溪绿茶的集中产区在黄山脚下休宁、歙县、婺源、绩溪四县，以及祁门里的东乡等地。黄山茶乡所产的各种绿茶由"屯溪"集散、输出，因此，统称"屯溪绿茶"。屯溪绿茶为我国极品名茶之一。主要产地有休宁、歙县、婺源、绩溪等地。因历史上在屯溪加工输出，故名"屯绿"。"屯绿"在明万历年间（1573—1620年）即在国际市场上崭露头角，1913年已远销欧美各国。曾被誉为"首屈一指的好茶"、"绿色金子"。

顶谷大方

顶谷大方，又名竹铺大方、拷方、竹叶大方，它对消脂减肥有特效，故被誉为茶中的"减肥之王"。大方茶产于歙县的竹铺、金川、三阳等乡村，尤以竹铺乡的老竹岭、大方山和金川乡的福泉山所产的品质最优，被誉称顶谷大方。

金山时雨

金山时雨为上品绿茶，创名于清道光年间，原名"金山茗雾"，贡品，绩溪县上庄镇上金山产。"时雨"，徽州一种名茶的代名词，品名"金山时雨"。它产于著名学者胡适先生故乡——绩溪县上庄镇上庄的邻村上金山。早在清代末年，"时雨"就由上海"汪裕泰茶庄"独家经销。到了民国初年，"时雨"已销往香港、新加坡等十多个国家和地区，从此，"时雨"扬名海内外。

婺源绿茶

婺源绿茶历史悠久，唐代著名茶叶专家陆羽在《茶经》中就有"歙州茶生于婺源山谷"的记载。《宋史·食货》婺源的谢源茶列为全国六种名茶"绝品"之一。明清时代，曾列为向朝廷进献的"贡茶"。明朝时，婺源县每年进贡的茶叶2500公斤左右。"婺源绿茶"从18世纪开始就已进入国际市场，乾隆年间，外销到英国；咸丰年间，婺源"俞德昌"、"俞德和"、"胡德馨"、"金隆泰"四家茶号，共制绿茶数千箱运往香港销售，获利极丰。"俞德盛"茶号所制"新六香"绿茶还远销西欧。光绪年间，茶商俞杰然建"祥馨实业花园"，种植珠兰、茉莉数千盆，为窨制花茶用。

因产地和制作工艺不同，茶叶有名目繁多的种类。

绿茶名贵品种有：龙井茶、碧螺春茶、黄山毛峰茶、庐山云雾、六安瓜片、蒙顶茶、太平猴魁茶、君山银针茶、顾渚紫笋茶、信阳毛尖茶、平水珠茶、西山茶、雁荡毛峰茶、华顶云雾茶、涌溪火青茶、敬亭绿雪茶、峨眉峨蕊茶、都匀毛尖茶、恩施玉露茶、婺源茗眉茶、雨花茶、莫干黄芽茶、五山盖米茶、普陀佛茶。

红茶名贵品种有：祁红、滇红、英红。

乌龙茶名贵品种有：武夷岩茶、铁观音、凤凰单丛、台湾乌龙茶。

花茶以茉莉花茶为上品。

紧压茶名贵品种有：普洱茶、六堡茶。

白茶名贵品种有：白毫银针茶、白牡丹茶。

茶叶知识

（1）茶叶命名的学问

我国茶区广阔，茶树品种资源丰富。品种适制性也很广，有的品种适制一种茶类，有的品种适制两三种以上茶类。品种的质量不同，制茶的品质也不同。品种多，茶类也就多。特别是我国历代劳动人民发挥了无穷的智慧，创制发明了各种不同的制法，制成各色各样的茶类，有绿、黄、黑、白、红、青茶以及再加工茶类，如花茶和蒸压茶。外形内质都有一定的差异。每一茶类的制法在同一工序中，又有不同的变化，因而制茶的色、香、味也有差异，而分数种以至数十种。我国现有大同小异的数百种茶叶，为世界上茶类最多的国家。

茶名以形容形状的为多，如瓜片、雀舌、毛尖、紫笋、珍眉等。

茶名形容色、香、味的也很多，如敬亭绿雪，形容其色泽；舒城小兰花是指其香气；江华苦茶是指其滋味。

各地的茶名冠以地名的也很普遍，如西湖龙井、武夷岩茶、安化松针、信阳毛尖、黄山毛峰等等。

以采摘时期不同而命名，古今亦有，如云南的春尖，安溪的秋香、冬片等。

以制茶技术不同而命名，如炒青、烘青、蒸青、窨花茶等。以茶树不同而命名的，如乌龙、水仙、毛蟹等。

（2）茶叶分类

茶叶的分类方法首先必须具备两种条件：一方面必须表明品质的系统性，另一方面也要表明制法的系统性，同时要抓住主要的内含物变化的系统性。

茶叶分类应以制茶的方法为基础，茶叶种类的发展是根据制法的演变。每一茶类都有其共同的制法特点，如红茶都有一个共同促进酶的活化，使黄烷醇类（儿茶多酚类）氧化较完全的"发酵"过程；黑茶类都有共同的堆积做色过程。茶叶类型不同，主要是从制法中产生的，两种茶叶品质很相似，表明其制法也相近似。

茶叶分类还要结合茶叶品质的系统性。如绿茶的色泽都属绿色范围，而君山银针色泽泛黄，就属于黄茶类，其制法是经过闷黄过程，与绿茶不同。其茶类的色泽是绿泛黄的青色，如果其色泽超出青色的范围，变为红色，它也就成为了性质不同的红茶。

第三单元　风味独特的高山云雾

"高山云雾出好茶",这是茶区人民长期从事茶叶生产的经验总结。高山茶比平地茶好,内山茶比外山茶好,这已成为人所共知的常识。如闻名全国的"黄山毛峰"、"庐山云雾"、"霍山黄芽"都是产于海拔500—1000米的高山上,其品质优异,深受广大消费者所喜爱。高山云雾之所以出好茶,是受高山特有的自然生态环境影响所致,这是茶树的生物遗传学特性所决定的。

高山茶园由于周围峰峦叠嶂,溪水纵横,森林茂密,覆盖度大,气候温和湿润,雨量充足,土壤深厚肥沃,形成独特的生态条件,茶园又多分布于群山环抱的山坞之中,终年云雾缭绕,相对湿度大,日照时间短,散射光多,茶树常年生长在荫蔽高湿的自然环境里,朝夕饱受雾露的滋润,生长良好,因而芽叶肥壮,叶质柔软,白毫显露。加上高山茶园气候温和,一年四季温度变化小,昼夜温差大,早晚凉,中午热,白天温度较高,能制造较多的有机物,夜晚温度较低,因呼吸作用减弱,降低了有机

物质的消耗，糖类的缩合困难，纤维素不易形成，这就有利于茶叶中有机物的积累，提高氨基酸、咖啡碱、芳香油等有效成分的含量，因而茶叶嫩度高品质好。故黄山毛峰能成为中国名茶。

第四单元　独树一帜的黄山毛峰

黄山毛峰，属绿茶烘青类。长期以来人们用"名山产名茶"的观点，推断黄山毛峰系明朝黄山云雾之后称。黄山毛峰产于安徽省古徽州黄山，中国十大名茶之一。每年清明谷雨，选摘初展肥壮嫩芽，手工炒制，该茶外形微卷，状似雀舌，绿中泛黄，银毫显露，且带有金黄色鱼叶（俗称黄金片）。入杯冲泡雾气结顶，汤色清碧微黄，叶底黄绿有活力，滋味醇甘，香气如兰，韵味深长。由于新制茶叶白毫披身，芽尖锋芒，且鲜叶采自黄山高峰，遂将该茶取名为黄山毛峰。

第五单元　"不散不翘"的太平猴魁

太平猴魁的色、香、味、形独具一格，有"刀枪云集，龙飞凤舞"的特色。每朵茶都是两叶抱一芽，平扁挺直，不散，不翘，不曲，俗称"两刀一枪"，素有"猴魁两头尖，不散不翘不卷边"之称。全身披白毫，含而不露，入杯冲泡，芽叶成朵，或悬或沉。品其味，则幽香扑鼻，醇厚爽口，回味无穷，可体会出"头泡香高，二泡味浓，三泡四泡幽香犹存"的意境，有独特的"猴韵"。

第六单元　芳香厚味的祁门红茶

在红茶体系中，祁红独树一帜，百年不衰，以其高香形秀著称，博得国际市场的经久称赞，奉为茶之佼佼者。祁红，是祁门红茶的简称。为功夫红茶中的珍品，1915年曾在巴拿马国际博览会上荣获金牌奖章，创制一百多年来，一直保持着优异的品质风格，蜚声中外。祁红生产条件极为优越，真是天时、地利、人勤、种良，得天独厚，所以祁门一带大都以茶为业，上下千年，始终不败。祁红功夫一直保持着很高的声誉，芬芳常在。

祁红向以高香著称，具有独特的清鲜持久的香味，被国内外茶师称为砂糖香或苹果香，并蕴藏有兰花香，清高而长，独树一帜，国际市场上称之为"祁门香"。英国人最喜爱祁红，全国上下都以能品尝到祁红为口福。皇家贵族也以祁红作为时髦的饮品，用茶向皇后祝寿，赞美茶为"群芳最"。

图版

祁门红茶颜色为棕红色，切成0.6—0.8厘米，味道浓厚，强烈醇和、鲜爽。假的祁门红茶一般带有人工色素，味苦涩、淡薄，条叶形状不齐。

祁门县位于安徽省最南端。这里峰峦起伏，山势陡峭，高山密林成为分布在峡谷山梁和丘陵山坡上茶园的天然屏障。这一带茶区的土壤主要由千枚岩、紫色页岩等风化的黄土或红土构成，土质肥沃，酸质适中，含氧化铝铁成分和水分都比较富足，极适于茶叶生长。由于祁门地处西北冷空气和东南亚海洋气团前峰交错地带，气候温和，春夏多晓雾，为茶树茶叶的优异品质提供了理想的环境。

祁门产茶历史悠久，唐代时已有名气。据史料记载，清朝光绪年间以前，祁门只产绿茶，不产红茶，1875年以后才有红茶。相传，安徽黟县有个名叫余干臣的人，在福建罢官回原籍经商，因见了红茶畅销多利，便在至德县尧渡街设立红茶庄，仿"闽红茶"制法，开始试制红茶。1876年，余氏又先后在祁门西路镇、闪里设红茶分庄，扩大经营。由于祁门一带自然条件优越，所制红茶品质超群出众，因此，产地不断扩大，产量不断提高，声誉越来越高，在国际红茶市场上引起了茶商的极大注意，日本人称其为玫瑰，英国商人称之"祁门"。

第七单元　黄山毛峰创新工艺制法

1. 采摘：春茶清明、谷雨前后，有50%的茶芽符合标准时采用人工开采，每隔2—3天巡回采摘一次，至立夏结束。特级黄山毛峰的采摘标准为一芽一叶初展至一芽二叶初展，开采于清明前后；1—3级黄山毛峰的采摘标准分别为一芽二叶初展至一芽二三叶初展，在谷雨前后采制。鲜叶进厂后先进行拣剔，保证芽叶质量匀净。

2. 摊青：采摘回来的鲜叶按不同的嫩度分开摊放在竹匾里，厚度6厘米左右，置于通风处晾放3小时左右（雨天适当延长时间），鲜叶稍有回软即可杀青。

3. 杀青：采用电热滚筒杀青机进行杀青，温度控制在140—150℃，杀青时间5—8分钟，以叶边干燥为准，杀青口下面有风扇，既可使鲜叶冷却，又可吹掉散叶和杂质。

4. 整形：杀青后的茶叶输送到电热理条机进行理条或经过揉捻机整形。

5. 烘干：整形后的茶叶通过热风不锈钢烘干机高温初烘，将茶叶烘至叶边干燥后，低温经过冷却机输送到热风不锈钢烘干机再慢烘，烘至茶叶用大拇指和食指用力能压碎为好。

第八单元　老谢家茶的发展演变

五千年中华茶文化，两千载老谢家茶史。

自汉代以来，谢氏家族就在黄山周边依山而居，以茶为生，生息繁衍，代代相传。如今，谢氏族人已发展到两万多人，其中百分之九十都是茶农、茶商。茶给谢氏家族提供了生存空间，同时，谢氏家族也推动了徽茶的不断发展。

唐代，居住在黄山富溪源的谢氏家族就创研了植茶制茶的真经。宋代嘉祐元年（1056年），谢家族人独创了一套"炒、揉、烘"的制茶工艺，即黄山毛峰茶的制作工艺，由此谢氏黄山茶名声大噪。至明代隆庆年间，谢家茶业达到鼎盛，成为敬献朝廷必备的贡品。这种产于黄山富溪源的高山云雾茶，就是现在誉满全球的"黄山毛峰"茶。

连环图版

①据史载，谢氏先祖原祖居巴蜀地区，大约在秦汉时代，为躲避战乱，谢氏先辈顺江而下，开始落脚于浙江绍兴地区，由于绍兴人多地少，商业发达，作为一直以农耕为生的谢氏族人，在此难以生存，不久就迁到古徽州黄山。当时黄山地区山高地荒，人口稀少，祖辈就在此依山而居，开山植茶，以茶为生。

②陆羽《茶经》记述了汉代丹丘子和黄山君饮茶"轻身换骨"之事。丹丘子寓居浙东，黄山君常居歙州，他们经常交往，并且都以饮茶来减肥。传说这个黄山君就是谢氏后代的一位茶人，由此表明谢氏族人在汉代就知晓饮茶的益处，并以喝茶轻身减肥。

③唐代，歙州茶就很有名，《茶经》记载："歙州茶与衡州茶相同，属于优质茶，每年都作为贡茶进献朝廷。"产茶的黄山属于歙北地区，是歙州重点产茶地。随着茶叶销量不断扩大，由于茶籽繁衍茶园的种茶方式不能适应生产需求，为此，谢氏族人发明了"茶树压条分棵种茶法"。

这种种茶的方式，就是在当年的夏茶采摘后，将茶树枝压倒埋入土中，到第二年春季当埋入土中的茶枝又重新生根发芽长成茶苗后，再将新茶苗移到另外一些空地栽植。这种"分棵种植法"的优点是茶芽长得快，要比种茶籽提前2—3年采摘，且茶芽肥壮，色好耐泡。茶树压条分棵种植法一直到明清、民国时期，都被广泛采用。

④宋代，徽州的茶叶已发展到相当规模，据《宋史·食货志》记载："江南十州，两浙十二州，州产贡茶，宣州、歙州列榜首。"当时的徽茶，已作为优质茶，不仅主供京都地区，而且远销北方各地。

宋代的茶叶是以制作加工团茶或饼茶为主。即将茶叶采摘后，先放在阳光下摊晒或放在锅中煮，然后捣碎，用手工做成"团状"或"饼状"后，再晾、晒或者用火烤干后饮用。饼茶虽然制作简单，但由于成品茶含水分较高，不仅口味差，而且还容易霉变。

在北宋嘉祐元年，谢氏茶人在古徽州富溪，首创了"炒、揉、烘"的制茶工艺。该项制茶工艺是将茶树鲜芽叶从山上采回后，摊放1—2个时辰，先用铁锅炒，而后用手工在竹篾床上揉成条状，最后用竹篾编成的烘笼用木炭烘烤。这种做茶法当时人称"谢氏炒茶法"。谢氏炒茶法的出现，将原团茶、饼茶制法，改成散茶制法，这为今后绿茶制法的形成奠定了基础。据说，明代大方和尚发明"松萝茶"的制法，就是沿袭了谢氏炒茶法，由此说明，谢家茶是古徽州名茶的始祖，古徽州的各类名茶，大都由谢家茶制法演变发展形成的。

⑤明朝是古徽州茶业盛兴时代，《茶录》、《茶疏》、《茶解》等茶书，对当时徽州茶叶制作均有详细记载。与此同时，谢家茶在明代也呈现兴盛繁荣的景象。此时的谢氏家族的后人，繁衍扩大分居在以黄山为中心的方圆几百里，但集中居地仍在富溪、汤口、杨村一带。据族谱记述，明代隆庆年间，谢氏后人研制了"云雾茶"。其制法是选用高山云雾下生长的茶树嫩芽，用铁锅炒，石头磨揉盘轻揉，竹笼炭火烘制而成。石头磨揉

盘揉茶好处有：一是干净卫生，竹篾床揉茶有一些碎竹丝容易揉入茶中，且竹篾床还不易清洗，而石头磨揉盘既无自身污染还可多次清洗。二是茶叶易成条，断碎少。石头磨揉盘因有棱条状，茶芽经过揉搓，成条好，冲泡时茶汁浓，滋味鲜，其色、香、味、形都优于老法制成的谢氏茶。由于产地在黄山，茶园终年云雾缭绕，该茶冲泡后又热气腾腾，故而谢氏族人就将此茶叫"黄山云雾茶"，黄山云雾茶就是黄山毛峰的前身。

谢氏族人为了将"云雾茶"更好地生产、加工、销售，特修建了"永庆堂"，"永庆堂"有三进十六间，其一方面作为谢氏祠堂管理族人，另一方面作为茶庄收购谢氏云雾茶，并将此茶销往大江南北。当时古徽州的歙县、屯溪等各地都有"永庆堂"开设的茶庄，专营谢家茶，为谢家茶的发展壮大起着十分重要的作用。

⑥清代，徽茶已发展到鼎盛时期，各种各样的名优茶大量涌现。谢氏家人也不甘落后，不仅大量生产加工炒、烘型的云雾茶行销各地，而且还开发了黄山毛峰茶。他们在高山峻岭茶丛中，专选芽头肥壮的一芽一二叶鲜叶，仍按谢家茶制法，采回后稍着摊青，用旺火在铁锅里炒，然后在石头磨盘上轻揉成条，以竹笼炭火初烘、复烘，再用竹蔑包箬叶的茶篓盛装。由于按此法制成的茶叶，色如象牙，锋显毫露，又采于黄山境内的各茶山，故就将此茶称为"黄山毛峰茶"。黄山毛峰茶开发成功后，立刻引起了一些达官贵人的青睐，并大量饮用黄山毛峰茶。与此同时，一些徽州茶商也看好毛峰茶，纷纷在杭州、上海、苏州、南京、天津、北京、广州等地设立茶庄、茶号专营推销黄山毛峰茶，不久黄山毛峰茶就名声大振，响遍海内外，成为我国著名的十大名茶之一。

⑦民国时期，谢氏族人一方面在全国各大中城市开设茶庄、茶号经营毛峰茶，另一方面还积极参与国内外各种展销会、博览会推销谢家茶黄山毛峰。据考证，有富溪谢氏"永庆堂"族人，在广州开设的"永馨祥"茶庄，曾将谢家茶黄山毛峰送往"南洋劝业会"参展，并获得金牌。为了庆祝谢家茶黄山毛峰在南洋劝业会上获奖，"永馨祥"老板谢家善还专门与南洋劝业会海内外大茶商合影留念，谢氏第49代嫡孙谢四十仍完好保存着这幅珍贵的历史照片。

黄山毛峰的制法，仍是沿袭着宋代老谢家茶传统工艺，进行精炼、创新的成果。黄山毛峰是谢家几十代人的传承与发展，是徽州茶商积极推销，是谢氏族人集体的智慧结晶。

1. 老谢家茶的主要产品分类

"老谢家茶"、"千秋泉"牌系列茶产品：国礼茶、富溪雀舌、中华礼茶、早春灵芽、清明芊芽、古徽翠香、千秋幽香、谷雨兰香、富溪醇香、富溪沉香系列黄山毛峰，富硒野茶、千秋泉绿茶、祁门红茶、黄山菊花及花茶。

2.老谢家茶的主要特点

谢氏第49代嫡孙谢四十传承先祖遗志，发扬光大谢家茶，于1987年创办黄山光明茶厂，2005年又发展成立黄山光明茶业有限公司。为不断提高黄山毛峰质量和扩大生产，于1994年在黄山市首家引进黄山毛峰名优茶设备，并发动富溪茶农在清明节前采摘鲜芽叶进行收购，综合黄山毛峰的传统工艺，成功开发了机械化加工黄山毛峰新工艺，大大提高了黄山毛峰的色、香、味、形，淘汰了一家一户手工制作黄山毛峰的历史。为做大谢家茶黄山毛峰品牌，于1991年和2005年，先后注册"千秋泉"、"老谢家茶"商标，并在黄山率先以品牌黄山毛峰专用包装上市，大大提高了老谢家茶黄山毛峰的知名度。

2006年，又率先引进电热杀青、电热理条、热风烘干和开发自主知识产权专利产品的黄山毛峰提香机，实现了黄山毛峰清洁化、连续化、产业化生产加工，又进一步提高了黄山毛峰的品质和生产力。为满足黄山毛峰不同层次的消费市场需求，老谢家茶连续开发了国礼茶、富溪雀舌、中华礼茶、早春灵芽、清明芊芽、千秋幽香、古徽翠香、谷雨兰香、富溪醇香和富溪沉香系列黄山毛峰，深受广大消费者的青睐。为将富溪谢氏后代茶农组织起来，共同发展茶叶生产，于2007年组织成立黄山光明茶业茶农专业合作社，实行"公司+合作社+基地+农户"的经营模式，共同发展黄山毛峰核心产地富溪乡茶产业生产。

3.老谢家茶的荣誉与辉煌

"老谢家茶"、"千秋泉"黄山毛峰于2004年在全省茶行业首家获得安徽名牌产品、安徽省著名商标，在2006年第十三届上海国际茶文化节荣获金奖，在2007年第一届世界绿茶评比荣获金奖，在2007年俄罗斯"中国年"，胡锦涛总书记把黄山毛峰赠送普京总统，2010年上海世博会代表黄山毛峰唯一品牌参加名优茶展示。

老谢家茶黄山毛峰工艺获得国家发明专利1项，使用新型专利1项，外观设计专利12项。老谢家茶掌门人谢四十获得国家级非物质文化遗产黄山毛峰传承人。

历经几十代人的艰苦努力，老谢家茶企业黄山光明茶业有限公司已发展成为集茶叶生产、科研、示范推广、加工贸易于一体的全国乡镇企业创名牌重点企业，全国茶叶行业百强企业，全国供销社系统农业产业化龙头企业，安徽省农业产业化龙头企业，安徽省民营科技企业。

第三部分　行止寄胸怀

本部分主要由四个单元组成，主要是展示茶道的发展历程、茶道的基本精神、茶道中"天人合一"的儒家精神和茶道精神等内容。

传播目的：主要通过茶道的历史以及茶道精神和儒家精神的展示，旨在让观众感受到——茶道是一种以茶为媒的生活礼仪，也被认为是修身养性的一种方式，它通过沏茶、赏茶、饮茶，增进友谊，美心修德，是很有益的一种和美仪式。喝茶能静心、静神，有助于陶冶情操、去除杂念。茶道精神是茶文化的核心，是茶文化的灵魂。

展示内容：茶道及儒家方面的照片（如茶道表演、各种茶具、手稿、历史遗址图片资料等）。

支撑材料：沙盘、地图、场景、图片、影视、灯箱片、布景箱或数字投影。

解读角度：旅游学、环境学、历史学、文献学。

形式提示：形式风格要唯美、轻松、大气和舒展。

主题说明

第一单元　茶道的发展历程

茶道是通过品茶活动来表现一定的礼节、人品、意境、美学观点和精神思想的一种行为艺术。它是茶艺与精神的结合，并通过茶艺表现精神。兴于中国唐代，盛于宋、明代，衰于清代。中国茶道的主要内容讲究五境之美，即茶叶、茶水、火候、茶具、环境，同时配以情绪等条件，以求"味"和"心"的最高享受。

唐、宋、元、明、清、民国、现代有关茶道的实物及史料、照片、书画等。

宫廷茶道、佛教茶道、日本茶道

唐

《封氏闻见录》中记载的最为典型，自邹、齐、沧、棣，渐至京邑城市多开店铺煎茶卖之，不问道俗，投钱取饮。可见，茶饮已经深入民间，成为生活之必需。

茶文化的通俗和高雅，均具备十分丰富的内涵。在大众茶饮和宫廷茶饮之外，还有一个僧侣圈。这些人中有不少是陆羽的师友，如智积、怀海和尚、灵一和尚、皎然、齐己等。智积是陆羽的茶艺老师，由于陆羽的烹茶技术提快，烹出的茶汤滋味有自己的特色，智积和尚到了非陆羽烹煮之茶不喝的地步。这也说陆羽从智积和尚的高超烹茶艺术中得到了精髓并有了新的发展。

茶与佛教的缘分很深，到了唐代这种缘分联系得更加紧密了。近年来陕西法门寺出土的唐僖宗时期的金银茶具，也反映出唐代佛的茶饮之间的特殊关系。

唐代诗歌，是中国文学史上的一个光辉篇章。在唐诗中，有关茶叶的作品很多。比较著名的有李白的《答族侄僧中孚赠玉泉仙人掌茶》、白居易的《琴茶》、齐己的《谢湖茶》、皎然的《访陆处士羽》等。这些茶诗的形式有古诗、律诗、绝句等，内容包括了名茶、茶人、煎茶、饮茶、茶具、采茶、制茶等各个方面。

陆羽著《茶经》是一件划时代的大事。陆羽是中国的茶圣，《茶经》是中国茶叶历史上的一座里程碑。是唐代及唐代之前茶叶科学和文化的系统总结。《茶经》建立了茶学的基本框架结构，直接促进了茶叶生产和饮用的快速发展。

饮茶习俗走过了数千年的曲折路程，终于在唐代由混沌走向了文明，唐代的茶书编撰，从草创走向哲理，奏响了茶文化历史上优美的序曲。

宋

宋代《清明上河图》中的茶楼画面展示。

临安（今杭州）茶肆在格调上模仿汴京城中的茶酒肆布置，茶肆张挂名人书画，陈列花架，插上四季鲜花。一年四季卖奇茶异汤，冬月卖七宝擂茶、馓子、葱茶……到晚上，还推出流动的车铺，满足游客的点茶之需。当时的临安城，茶饮买卖昼夜不绝，即使是隆冬大雪，三更之后也还有人来提瓶卖茶。

杭城茶肆分成很多层次，以适应不同的消费者，一般作为饮茶之所的茶楼茶店，顾客中多有富室子弟、诸司下直等人会聚，习学乐器，上教曲赚之类。当时称此为挂牌儿。有的茶肆，本非以茶点茶汤为业，但将此为由，多觅茶金耳，时称人情茶肆。有的专是五好打聚处，亦有诸行借工卖会人会聚行老，时称市买。再有一些茶肆，专门是士大夫期朋会友的约会场所，著名的如蹴球茶坊、蒋检阅茶肆等。还有一种称为花茶坊的茶楼，楼上专门安置妓女诱客，这些茶肆名为茶坊，实为色情场所。

绣茶的艺术是宫廷内的秘玩。据南宋周密的《乾淳风时记》中记载，在每年仲春上旬，北苑所贡的第一纲茶就列到了宫中，这种茶的包装很精美，都是用雀舌水芽所造。据说一只可冲泡几盏。大概是太珍贵的缘故，一般舍不得饮用，于是一种只供观赏的玩茶艺术就产生了。这种绣茶方法，据周密记载为："禁中大庆会，则用大镀金，以五色韵果簇订龙凤，谓之绣茶，不过悦目。亦有专其工者，外人罕见。"

另一种称为漏影春的玩茶艺术，是先观赏，后品尝。漏影春的玩法大约出现于五代或唐末，到宋代时，已作为一种较为时髦的茶饮方式。宋代陶谷《清异录》中，比较详细地记录了这种做法："漏影春法，用镂纸贴盏，糁茶而去纸，伪为花身。别以荔肉为叶，松实、鸭脚之类珍物为蕊，沸汤点搅。"绣茶和漏影春是以干茶为主的造型艺术，相对于此，斗茶和分茶则是一种茶叶冲泡艺术。

斗茶是一种茶叶品质的相互比较方法，有着极强的功利性。它最早是应用于贡茶的选送和市场价格品位的竞争。一个斗字，已经概括了这种活动的激烈程度，因而斗茶也被称为茗战。

如果说斗茶有浓厚的功利色彩的话，那么分茶就有一种淡雅的文人气息。分茶亦称茶百戏、汤戏。善于分茶之人，可以利用茶碗中的水脉，创造许多善于变化的图画来，从这些碗中图案里，观赏者和创作者能得到许多美的享受。

宋代茶学由于比较专注于建茶，所以在深度上、系统性上与唐代相比都有新的发展。宋代茶文化在唐代茶文化的基础上继续发展深化，并形成了特有的文化品位，宋代茶文化与唐代茶文化一起，共同构成了茶文化史上的一段灿烂篇章。

元

元代官府编印《农桑辑要》等。在元朝出版的另两部书《农书》和《农桑撮要》中，把茶树栽培和茶叶制作作为重要内容来介绍。这表明元朝统治者对茶业还是支持和倡导的。

元代忽思慧在《饮膳正要》中，集中地记述了当时的各种茶饮。

与加料茶饮相比，汉族文人们的清饮仍然占有相当大的比例。在饮茶方式上他们也与蒙古人有很大的差别，他们仍然钟情于茶的本色本味，钟情于古鼎清泉，钟情于幽雅的环境。

赵孟𫖯《斗茶图》中仍然是一派宋朝时的景象。"夜深万籁寂无闻，晓看平阶展素菌。茗碗纵寒终有韵，梅花虽冷自知春……"

耶律楚材有诗一首，十分明白地唱出了自己的饮茶审美观："积年不啜建溪茶，心窍黄尘塞五车。碧玉瓯中思雪浪，黄金碾畔忆雷芽。卢仝七碗诗难得，谂老三瓯梦亦赊。敢乞君侯分数饼，暂教清兴绕烟霞。"

明

明代人在饮茶中，已经有意识地追求一种自然美和环境美。明人饮茶艺术性还表现在追求饮茶环境美，这种环境包括饮茶者的人数和自然环境。当时对饮茶的人数有一人得神、二人得趣、三人得味、七八人是名施茶之说。对于自然环境，则最好在清静的山林、俭朴的柴房、清溪、松涛，无喧闹嘈杂之声。

明代散茶的兴起，引起冲泡法的改变，原来唐宋模式的茶具也不再适用了。茶壶被更广泛地应用于百姓茶饮生活中，茶盏也由黑釉瓷变成了白瓷和青花瓷，目的是为了更好地衬托茶的色彩。除白瓷和青瓷外，明代最为突出的茶具是宜兴的紫砂壶。紫砂艺术的兴起，可以说是明代茶文化的一个丰硕果实。

清

清代品饮技术和茶馆文化深入民间。

在我国南方的广东、福建等地盛行功夫茶，功夫茶的兴盛也带动了专门的饮茶器具。如铫，是煎水用的水壶，以粤东白泥铫为主，小口瓷腹；茶炉，由细白泥制成，截筒形，高一尺二三寸；茶壶，以紫砂陶为佳，其形圆体扁腹、努嘴曲柄大者可以受水半斤，茶盏、茶盘多为青花瓷或白瓷，茶盏小如核桃，薄如蛋壳，甚为精美。

清代是我国茶馆的鼎盛时期。茶馆作为一种平民式的饮茶场所，如雨后春笋，发展很迅速。据记载，就北京有名的茶馆已达三十多座，清末，上海更多，达到六十六家。在乡镇茶馆的发达也不亚于大城市，如江苏、浙江一带，有的全镇居民只有数千家，而茶馆可以达到百余家之多。

茶馆是中国茶文化中的一个很引人注目的内容，清代茶馆的经营和功能特色有以下几种：饮茶场所，点心饮食兼饮茶，听书场所。除了上面几种情况外，茶馆有时还兼赌博场所，尤其是江南集镇上，这种现象很多。再者，茶馆有时也充当纠纷裁判场所。吃讲茶，邻里乡间发生了各种纠纷后，双方常常邀上主持公道的长者或中间人，至茶馆去评理以求圆满解决。如调解不成，也会有碗盏横飞、大打出手的时候，茶馆也会因此而面目全非。

第二单元　茶道的基本精神

中国茶道基本精神是"清、敬、怡、真"。

"清"是指"清洁"、"清廉"、"清静"、"清寂"。茶艺的真谛不仅要求事物外表之清，更需要心境清寂、宁静、明廉、知耻。"敬"是万物之本，敬乃尊重他人，对己谨慎。"怡"是欢乐怡悦。"真"是真理之真，真知之真。饮茶的真谛，在于启发智慧与良知，诗人生活的淡泊明志、俭德行事，臻于真、善、美的境界。

场景或模型

"和"中国茶道哲学思想的核心

"和"是儒、佛、道三教共通的哲学理念。茶道追求的"和"源于《周易》中的"保合大和"。"保合大和"的意思指实践万物皆有阴阳两要素构成，阴阳协调，保全大和之元气以普利万物才是人间真道。

陆羽在《茶经》中不惜用二百五十个字来描述他设计的风炉。他指出：风炉用铁铸从"金"；放置在地上从"土"；炉中烧的木炭从"木"，木炭燃烧从"火"；风炉上煮的茶汤从"水"。煮茶的过程就是金、木、水、火、土悟心相生相克并达到和谐平衡的过程。可见五行调和等理念是茶道的哲学基础。

图版

"静"——中国茶道修习的必由之径

如何通过茶道的修习来操守精神，锻炼人格，超越自我？答案只有一个——静。

老子说："至虚极，守静笃，万物并作，吾以观其复。夫物芸芸，各复归其根。归根曰静，静曰复命。"

庄子说："水静则明烛须眉，平中准，大匠取法焉。水静伏明，而况精神。圣人之心，静，天地之鉴也，万物之镜。"老子和庄子所启示的"虚静观复法"是人们明心见性、洞察自然、反观自我、体悟道德的无上妙法。

宋徽宗赵佶在《大观茶论》中写道："茶之为物……冲淡闲洁，韵高致静。"

徐祯卿《秋夜试茶》诗云："静院凉生冷烛花，风吹翠竹月光华。闷来无伴倾云液，铜叶闲尝字笋茶。"

第三单元　茶道中的"天人合一"

中国茶道与日本茶道不同，中国茶道"人化自然"的渴求特别强烈，表现为茶人们在品茶时追求寄情于山水、忘情于山水、心融于山水的境界。把自然的万物都看成具有人的品格、人的情感，并能与人进行精神上的相互沟通的生命体，所以在中国茶人的眼里，大自然的一山一水、一石一沙、一草一木都显得格外可爱，格外亲切。这种人化自然，是道家"天地与我并生，而万物与我唯一"思想的典型表现。这就是茶道中所谓的"天人合一"。

图版

元好问的《茗饮》一诗，就是"天人合一"在品茗时的具体写照，契合自然的绝妙诗句。

"宿醒来破厌觥船，紫笋分封入晓前。槐火石泉寒食后，鬓丝禅榻落花前。一瓯春露香能永，万里清风意已便。邂逅化胥犹可到，蓬莱未拟问群仙。"

（注：诗人以槐火石泉煎茶，对着落花品茗，一杯春露一样的茶能在诗人心中永久留香，而万里清风则送诗人梦游华胥国，并羽化成仙，神游蓬莱三山，可视为人化自然的极致。）

第四单元　儒家精神和茶道精神

中国茶道思想是融合儒、道、佛诸家精华而成，但儒家思想是它的主体。表面看，中国儒、道、佛各家都有自己的茶道流派，其形式与价值取向不尽相同。佛教在茶宴中伴以青灯孤寂，要在明心见性；道家茗饮寻求空灵虚静，避世超尘；儒家以茶励志，沟通人际关系，积极入世。但各家茶文化精神有一个很大的共同点，即和谐与平静，实际上是以儒家的中庸为提携。中国茶文化中，处处贯彻着和谐精神，无论煮茶法、点茶法、泡茶法，都讲究"精华均分"。好的东西共同创造，也共同享受。从自然观念讲，饮茶环境要谐和自然，程式、技巧等茶艺手段既要与自然环境协调，也要与人事、茶人个性相符。青灯古刹中，体会茶的苦寂；琴台书房里，体会茶的雅韵；花间月下，宜用点花茶之法；民间俗饮要有欢乐与亲情。从社会观说，整个社会要多一些理解，多一些友谊。中国人讲"人之初，性本善"，中国茶道或许会更多唤起人类善的本性。

孔子、孟子、墨子、庄子、老子等画像及典籍、遗址照片等实物。

中国茶文化吸收了儒、道、佛各家的思想精华，中国各重要思想流派都做出了重大贡献。

儒家在中国茶文化中主要发挥政治功能，提供的是"茶礼"。

道家发挥的主要是艺术境界，宜称"茶艺"。

佛教茶文化从茶中"了解苦难，得悟正道"，才可称"茶道"。

其实，各家都有自己的礼、艺、道。

儒家说："大道既行，天下为公。"

茶人说："茶中精华，友人均分。"

道家说："道，可道，非常道。"

第四部分　灵境交相悦

　　本部分主要由十一个单元组成，通过多姿多彩的茶艺介绍以及煮茶法、煎茶法、点茶法、泡茶法的特点来揭示茶艺美学的渊源、茶艺美学的特质，以及茶人的鉴水之道和中国茶礼，让观众从中体会到中国茶文化的深刻内涵。

　　传播目的：主要通过茶艺及中国茶礼介绍，让观众从中体会到中国茶文化的独特之处。

　　展示内容：茶艺、煮茶法、煎茶法、点茶法、泡茶法的图版、模型及照片，各种茶具、历史典籍、历史遗址等图片资料。

　　支撑材料：沙盘、地图、场景、图片、影视、灯箱片、布景箱或数字投影。

　　解读角度：旅游学、环境学、历史学、文献学。

　　形式提示：形式风格要唯美、轻松、大气和舒展。

主题说明

第一单元　多姿多彩的茶艺

茶艺是包括茶叶品评技法和艺术操作手段的鉴赏以及品茗美好环境的领略等整个品茶过程的美好意境，其过程体现形式和精神的相互统一，是饮茶活动过程中形成的文化现象。它起源久远，历史悠久，文化底蕴深厚，与宗教结缘。茶艺包括：选茗、择水、烹茶技术、茶具艺术、环境的选择创造等一系列内容。茶艺背景是衬托主题思想的重要手段，它渲染茶性清纯、优雅、质朴的气质，增强艺术感染力。不同风格的茶艺有不同的背景要求，只有选对了背景才能更好地领会茶的滋味。

知识图版

茶艺与茶道之区别

茶艺与茶道精神，是中国茶文化的核心。这里所说的"艺"，是指制茶、烹茶、品茶等艺茶之术；这里所说的"道"，是指艺。茶艺与茶道有什么区别呢？茶过程中所贯彻的精神，有道而无艺，那是空洞的理论；有艺而无道，则无精、无神。……茶艺，有名，有形，是茶文化的外在表现形式；茶道，就是精神、道理、规律、本源与本质，它经常是看不见、摸不着的，但你却完全可以通过心灵去体会。茶艺与茶道结合，艺中有道，道中有艺，是物质与精神高度统一的结果。

第二单元　历史悠久的煮茶法

所谓煮茶法，是指茶入水烹煮二饮。直接将茶放在釜中熟煮，是中国唐代以前最普遍的饮茶法。即首先要将饼茶研碎待用。然后开始煮水。以精选佳水置釜中，以炭火烧开。但不能全沸，加入茶末。茶与水交融，二沸时出现沫饽，沫为细小茶花，饽为大花，皆为茶之精华。此时将沫饽杓出，置熟盂之中，以备用。继续烧煮，茶与水进一步融合，波滚浪涌，称为三沸。此时将二沸时盛出之沫饽浇烹茶的水与茶，视人数多寡而严格量入。茶汤煮好，均匀地斟入各人碗中，包含雨露均施、同分甘苦之意。

第三单元　流行一时的煎茶法

煎茶法是陆羽在《茶经》里所创造、记载的一种烹煎方法。其茶主要用饼茶，经炙烤、碾罗成末，候汤初沸投末，并加以环搅，沸腾则止。而煮茶法中茶投冷、热水皆可，需经较长时间的煮熬。煎茶法的主要程序有备器、选水、取火、候汤、炙茶、碾茶、罗茶、煎茶（投茶、搅拌）、酌茶。煎茶法在中晚唐很流行，唐诗中多有描述。从五代到北宋、南宋，煎茶法渐趋衰亡，南宋末已无闻。

图版

澧州诗人李群玉"碾成黄金粉，轻嫩如松花"、"滩声起鱼眼，满鼎漂汤霞"。

第四单元　妙趣横生的点茶法

点茶法是将茶碾成细末，置茶盏中，以沸水点冲。先注少量沸水调膏，继之量茶注汤，边注边用茶筅击拂。点茶是分茶的基础，所以点茶法的起始不晚于五代。点茶法盛行宋元时期，至明朝前中期，仍有点茶。

第五单元　经久不衰的泡茶法

以茶置瓶或缸之中，灌上沸水淹泡，唐时称"庵茶"，此庵茶开后世泡茶法的先河。泡茶法直到明清时期才流行。置茶于瓯、盏之中，用沸水冲泡，明时称"撮泡"，此法沿用至今。

明清更普遍的还是壶泡，即置茶于茶壶中，以沸水冲泡，再分酾到茶盏（瓯、杯）中饮用。壶泡的主要程序有备器、择水、取火、候汤、投茶、冲泡、酾茶等。现今流行于闽、粤、台地区的"功夫茶"则是典型的壶泡法。

第六单元　茶艺美学的渊源

中国茶艺发展到今天，如果从唐陆羽《茶经》刻印开始计算（约唐建中元年，公元780年），已有一千二百多年历史，其中兴衰成败，发展式微，不胜枚举。有关茶的著作、论述很多，《茶谱》、《茶录》、《茶笺》、《茶史》、《茶论》、《茶述》等均见于历代茶文化典籍，而有关茶的诗词文章等就更多了，如唐诗、宋词以及明清笔记中有关茶的资料就颇为丰瞻，流布也很广泛，影响深远。而一些有关茶道礼法、清规、烹茶技艺、茶法、茶诀等虽然没有流传下来，但在唐宋以来的禅宗典籍中，仍然保留了不少，譬如《百丈清规》、《禅苑清规》、《五灯会元》等多有有关茶事、茶礼的记述。这些丰富的历史文献资料无疑为我们探讨中国茶艺美学渊源和范畴，打下了良好的基础。

第七单元　茶艺美学的特质

中国茶道的美学特征可以用四个词来概括：大雅、大美、大悲、大用。

第八单元　风雅的品饮环境

中国人把饮茶看作一种艺术，环境要十分讲究。高堂华屋之内，或朝廷大型茶宴，或现代大型茶馆固然人员众多，容易形成热烈气氛，但传统中国茶道则是以清幽为主。品茶是雅人韵事，宜伴琴韵花香和诗草。

图版

唐人顾况作《茶赋》说："罗玳筵，展瑶席，凝思藻，间灵液。赐名臣，留上客，谷莺转，宫女嚬，泛浓华，漱芳津，出恒品，先众珍，君门九重，圣寿万春。"

皎然《晦夜李侍御萼宅集招潘述、汤衡、海上人饮茶赋》："晦夜不生月，琴轩犹为开；墙东隐者在，淇上逸僧来。茗爱传花饮，诗看卷素裁；风流高此会，晓景屡裴回。"

宋代饮茶环境各阶层观点不同。朝廷重奢侈又讲礼仪，实际上主要是"吃气派"。有礼仪环境，谈不上韵味。民间注重友爱，茶肆、茶坊，环境既优雅，又要有些欢快气氛。文人反对过分礼仪化，尤其到中后期，要求回归自然。苏东坡好茶，以临溪品茗、吟诗作赋为乐事。

元明时期大部分茶画都反映了山水树木和宇宙间广阔的天地。

元人《同胞一气图》画了一群小儿边吃茶边烤包子，使人既感受到孩童的可爱和稚气，又体会"手足之情"。唐寅《品茶图》，画的是青山高耸，古木杈丫，敞厅茅舍，短篱小草，并题诗曰："买得青山只种茶，峰前峰后摘春芽。烹煎已得前人法，蟹服松风联自嘉。"

第九单元　风味各异的调饮

茶的调饮主要是根据茶叶种类、茶叶用量、泡茶水温、冲泡时间、茶具大小以及消费者的饮用习惯而定。因此风味各异。如冲泡一般红、绿茶，每杯放3克左右的干茶，加入沸水150—200毫升；如饮用普洱茶，每杯放5—10克。用茶量最多的是乌龙茶，每次投入量为茶壶的1/2—2/3。

图版、照片等

对于高级绿茶，特别是各种芽叶细嫩的名茶，不能用100度的沸水冲泡，一般以90度（指水烧开后再冷却）左右为宜，这样泡出的茶汤一定嫩绿明亮，滋味鲜爽，茶叶维生素C也较少破坏。泡饮各种花茶、红茶和中、低档绿茶，则要用100度的沸水冲泡，如水温低，则渗透性差，茶中有效成分浸出较少，茶味淡薄。泡饮乌龙茶、普洱茶和沱茶，每次用茶量较多，而且因茶叶较粗老，必须用100度的滚开水冲泡。有时，为了保持和提高水温，还要在冲泡前用开水烫热茶具，冲泡后在壶外淋开水。

茶的冲泡顺序

1. 烫壶：在泡茶之前需用开水烫壶，一则可去除壶内异味，再则热壶有助挥发茶香。

2. 温杯：用烫壶热水倒入茶盅内，再行温杯。

3. 置茶：一般泡茶所用茶壶壶口皆较小，需先将茶叶装入茶荷内，鉴赏茶叶外观，再用茶匙将茶荷内的茶叶拨入壶中，茶量以壶之三分之一为度。

4. 高冲：冲泡茶叶需高提水壶，水自高点下注，使茶叶在壶内翻滚、散开，以便充分泡出茶味，俗称"高冲"。

5. 刮沫：刮去茶叶表层的一层泡沫，之后盖上壶盖静置稍许。

6. 低斟：把泡好的茶斟入杯中，茶壶壶嘴与茶盅之距离，以低为佳，以免茶汤内之香气无效散发，俗称"低泡"。这样不会起泡沫，也不会溅出。

7. 闻香：品茶之前，需先观其色，闻其香，方可品其味。

8. 品饮：先要举杯将茶汤送入鼻端闻香；接着用拇指和食指按住杯沿，中指托住杯底，举杯倾少许茶汤入口，含汤在舌尖回旋细品，顿觉口有余甘；一旦茶汤入肚，鼻口生香，咽喉生"两腋生风"，回味无穷。

不同茶类的冲泡方法

茶叶的冲泡，一般只要备具、备茶、备水，经沸水冲泡即可饮用。但要把茶固有的色、香、味充分发挥出来，冲泡得好，也不是易事，要根据茶的不同特性，应用不同的冲泡技艺和方法才能达到。

1.绿茶的冲泡

细嫩绿茶的冲泡，要求茶具（茶杯或茶碗）洁净，通常用透明度好的玻璃杯（壶）、瓷杯或茶碗冲泡。杯、碗内瓷质洁白，便于衬托碧绿的茶汤和茶叶。

泡茶的水质要好。通常选用洁净的优质矿泉水，也可用经过净化处理的自来水。水的酸碱度为中性或微酸性，切勿用碱性水，以免茶汤深暗。

煮水初沸即可，这样泡出的茶水鲜爽度较好。沏茶的水温，要求在80℃左右最为适宜，因为优质绿茶的叶绿素在过高的温度下易被破坏变黄，同时茶叶中的茶多酚类物质也会在高温下氧化，使茶汤很快变黄，很多芳香物质在高温下也很快挥发散失，使茶汤失去香味。

茶与水的比例要恰当，通常茶与水之比为1∶50—1∶60（即1克茶叶用水50—60毫升）为宜，这样冲泡出来的茶汤浓淡适中，口感鲜醇。

冲泡的手法很有讲究，要求手持水壶往茶杯中注水，采用"凤凰三点头"的手势，使注入的热水冲动茶叶，上下浮动，茶汁也易泡出。另外，在冲泡时常先注入少量热水，使茶叶浸润一下，稍后再注水至离杯沿1—2厘米处即可。若待客，可将泡好茶的茶杯或茶碗，放入茶盘中，捧至客人面前，以手示意，请客人品饮。

2.红茶的冲泡

红茶的饮用方法，归纳起来大体分为清饮法和调饮法两类。

清饮法，就是将茶叶放入茶壶中，加沸水冲泡，然后注入茶杯中细品慢饮。好的功夫红茶一般可冲泡2—3次，而红碎茶只能冲泡1—2次。

调饮法，是将茶叶放入茶壶，加沸水冲泡后，倒出茶汤在茶杯中再加奶或糖、柠檬汁、蜂蜜、香槟酒等，根据个人爱好，任意选择调配，风味各异。调饮法用的红茶，多数用红碎茶制的袋泡茶，茶汁浸出速度快，浓度大，也易去茶渣。

一般来说，品饮红茶，选用茶具也很重要，以选用咖啡茶具较为适宜。

近年来在市面上流行一种台式泡沫红茶，其制法是红茶经冲泡后将茶汤倒入调酒器中，加上蜂蜜等配料，然后上下、左右摇动几十下，再倒入透明玻璃杯中品饮。由于茶汤含有皂素，形成泡沫，在透明杯中层次分明，十分美观，品饮泡沫茶，别有情趣，特别是青年人更为喜爱。

泡沫红茶始于台湾，近期传入大陆。

第十单元　茶人的鉴水之道

烹茶鉴水，是中国茶道的最大特色。宜茶用水有一系列标准。概括起来说即清、轻、甘、活、冽。

知识点

其一，水质要清。水之清的表现是"朗也，静也，澄水貌也"。水质清洁、无色、透明、无沉淀物才能显出茶的本色。故清明不淆之水，称为"宜茶灵水"。

其二，水体要轻。现代科学证明，比重较轻的水中所溶解的钙、镁、钠、铁等矿物质较少。矿物质溶解得越多，特别是镁、铁等离子越多，泡出的茶汤越苦涩，所以水轻为佳。

其三，水味要甘。田艺蘅在《煮泉小品》中写道："甘，美也；香，芬也。""味美者曰甘泉，气芬者曰香泉。""泉惟甘香，故能养人。""凡水泉不甘，能损茶味。"

其四，水源要活。现代科学证明，在活水中细菌不易大量繁殖，同时活水中氧气和二氧化碳等气体的含量较高，泡出的茶汤滋味鲜爽。

其五，水温要冽。因为寒冽之水多出于地层深处的矿脉之中，所受污染少，泡出的茶汤滋味纯正。

第十一单元　中国的茶礼

中国茶艺的修养方法是"立于礼"。中国茶礼几乎无处不在，突出茶世仪礼对于个体道德修养的作用。而个体对某种伦理道理原则的接受，却并非出于法律上的强制，它是通过个体的"情"的感染而推向行动的。主人敬茶表礼，客人受茶致意，茶礼已成了人类追求的促进某些行动的内在动力。礼，就是顺应人情而制定的节制的标准。茶道顺应了"人情"而立礼，个体凭借天然具备的"人情"产生共振效应而立于礼。

《礼记·坊记》云："礼者，因人之情而为之节文。"

《茶经·七之事》引张君举《食檄》说：见面寒暄之后，先请喝浮有白沫的三杯好茶。

《桐君录》说：交州和广州很重视饮茶，客人来了，先用茶来招待。举凡作客，莫不悦于受人敬重而厌于遭人白眼。

什么是宫廷茶礼？

《大唐茶礼》是盛行于唐代宫廷，由禅师操作的一种经过备器、炙茶、碾茶、筛茶、投盐、分茶、敬茶等十六道工序的宫廷茶礼。它主要是用于招待皇家贵族以及国外使节等贵宾的场合。

《大唐茶礼》以"勤俭朴素、清正廉明、和衷共济、宁静致远"为主导茶学思想，是古人文化智慧的结晶。《大唐茶礼》的核心是"禅茶一味"，希望通过饮茶与山水、自然融为一体，求得美好韵律和精神释怀。

《大唐茶礼》是盛唐文化的重要组成部分，它包含了盛唐文化所独有的博大、厚重和儒雅妙韵、谦和恭让、和气善达的人文精神。

整个茶礼展示由备器、炙茶、碾茶、筛茶、投盐、分茶、敬茶等十六道步骤组成，展示一种古老天然的品茶文化。受邀前来品茶的游客和市民在分享过色泽亮红、茶味清香的大唐茶礼之后对这种古老的宫廷茶道赞赏有加。

第五部分　追忆似水流年

本部分主要由七个单元组成，通过神农尝百草、黄庭坚精于茶道、乾隆品茶鉴水、鲁迅喝茶是清福、老舍独咏茶、丰子恺偏爱茶馆、林语堂三泡品茶味以及茶俗、茶馆、茶文艺（电子书）等几个片段予以展示。

传播目的：主要通过历史上与茶文化有关的人物进行重点展示，旨在让观众了解中国的茶文化的发展与人们的生活息息相关。

展示内容：历史上名人的造像、画像、照片等。可通过一些名人使用过的各种茶具、手稿、家谱等历史资料展示。

支撑材料：沙盘、地图、场景、图片、影视、灯箱片、布景箱或数字投影。

解读角度：旅游学、环境学、历史学、文献学。

形式提示：形式风格要唯美、轻松、大气和舒展。

主题说明

第一单元　神农尝百草

神农氏，即炎帝，中国的太阳神，农业和医药的发明者，三皇五帝之一。传说神农人身牛首，三岁知稼穑，长成后，身高八尺七寸，龙颜大唇。三湘四水，曾是炎帝神农氏的领地。炎帝神农氏在此始种五谷，以为民食；制作耒耜，以利耕耘；遍尝百草，以医民恙；织麻为布，以御民寒；陶冶器物，以储民用；削桐为琴，以怡民情；首辟市场，以利民生；

剡木为矢，以安民居。完成了从游牧到定居、从渔猎到田耕的历史转变，实现了从蒙昧到文明的过渡，从旧石器时代向新石器时代的跨越。

第二单元　黄庭坚精于茶道

黄庭坚《满庭芳》词有"碾深罗细，琼蕊冷生烟"。"银瓶蟹眼，惊鹭涛翻。"

黄庭坚《奉同六舅尚书咏茶碾煎烹三首》诗有："风炉小鼎不须催，鱼眼长随蟹眼来。""乳粥琼糜露脚回，色香味触尽根来。"风炉、小鼎，煎茶器具。

黄庭坚《谢刘景文送团茶》诗有："刘侯惠我小玄璧，自裁半璧煮琼糜……个中渴羌饱汤饼，鸡苏胡麻煮同吃。"小玄璧指小团饼茶，黄庭坚自裁一半煮饮。

第三单元　乾隆品茶鉴水

清代乾隆皇帝弘历，在位当政六十年，终年八十八岁，为中国历代皇帝中之寿魁。

民间曾流传着很多关于乾隆与茶的故事，涉及种茶、饮茶、取水、茶名、茶诗等与茶相关的各个方面。品茶鉴水，乾隆却独有所好。他品尝洞庭中产的"君山银针"后赞誉不绝，令当地每年进贡十八斤。他还赐名福建安溪为"铁观音"，从此安溪茶声名大振，至今不衰。

乾隆晚年退位后仍嗜茶如命，在北海静心斋内专设"焙茶坞"，悠闲品尝。喝茶是他养生之一法,其长寿当与之不无关系。

相关故事

相传,乾隆皇帝六次南巡到杭州,曾四度到过西湖茶区。他在龙井狮子峰胡公庙前饮龙井茶时,赞赏茶叶香清味醇,遂封庙前十八棵茶树为"御茶",并派专人看管,年年岁岁采制进贡到宫中,当然茶客就是他本人,"御茶"遗址至今尚存。乾隆十六年,即1751年,他第一次南巡到杭州,在天竺观看了茶叶采制的过程,颇有感受,写了《观采茶作歌》,其中有"地炉微火徐徐添,乾釜柔风旋旋炒。慢炒细焙有次第,辛苦功夫殊不少"的诗句。皇帝能够在观察中体知茶农的辛苦与制茶的不易,也算是难能可贵。

乾隆皇帝不是死在任上的,而是"知老让位"的。传说在他决定让出皇位给十五子时(即后来的嘉庆皇帝),一位老臣不无惋惜地劝谏道:"国不可一日无君啊!"一生好品茶的乾隆帝却端起御案上的一杯茶,说:"君不可一日无茶。"这也许是幽默玩笑之语,也许是"我应该退休闲饮"之意,或者是兼而有之。乾隆在茶事中,以帝王之尊,穷奢极欲,倍求精工,什么排场都可以做得到。他首倡在重华宫举行的茶宴,豪华隆重,极为讲究。据徐珂《清稗类钞》记载:"乾隆中,元旦后三日,钦点王公大臣之能诗者,宴会于重华宫,演剧赐茶,命仿柏梁体联句,以记其盛,复当席御诗二章,命诸臣和之,岁以为常。"他还规定,凡举行宴会,必须茶在酒前,这对于极为重视先后顺序的国人来说其意义是很大的。

嘉庆元年(1796年,乾隆帝在该年让位)举行的千叟宴,设宴八百桌，被誉为"万古未有之盛法"。与宴者三千零五十六人，赋诗三千余首，参宴者肯定都是当时的非一般人，却似乎没有留下什么名章佳句。

第四单元　鲁迅喝茶是清福

"有好茶喝，会喝好茶，是一种'清福'。不过要享这'清福'，首先就须有工夫，其次是练习出来的特别感觉。"这是鲁迅写的《喝茶》文章。

从鲁迅先后的文章中可见"清福"并非人人可以享受，这是因为每个人的命运不一样。同时，鲁迅先生还认为"清福"并非时时可以享受，它也有许多弊端，享受"清福"要有个度，过分的"清福"，有不如无。

鲁迅的《喝茶》，犹如一把解剖刀，剖析着那些无病呻吟的文人们。题为《喝茶》，而其茶却别有一番滋味。鲁迅心目中的茶，是一种追求真实自然的"粗茶淡饭"，而决不是斤斤于百般细腻的所谓"工夫"。而这种"茶味"，恰恰是茶饮在最高层次的体验：崇尚自然和质朴。

鲁迅笔下的茶，是一种茶外之茶。

第五单元　老舍独咏茶

1964年7月初，我国著名文学家、戏剧家，曾为我们奉献出《茶馆》、《龙须沟》的艺术家老舍先生偕其夫人著名画家胡絜青女士，游览了屯溪古镇、徽州墨厂和屯溪茶厂等胜景后，写下了《赞屯溪》、《咏茶》、《咏墨》等诗作。其中老舍先生的徽州《咏茶》诗，是一首不可多得的咏茶诗。诗作于盛夏之季，诗意却是"春风春日采新茶"的和煦清新之意境；"屯绿"、"祁红"这两大徽州名茶，被人民艺术家拟人化作"好姊妹"，又为诗作平添和谐亲切之韵味；尤其是诗作的结句，堪称神来之笔，"淡妆浓抹总相宜"只稍易二字，便移植、幻化作"淡妆浓抹总无瑕"，则有"直把屯溪媲西子"的潜台词"巧借妙藏诗行间，呼之欲出典故里"之美妙。

图版

热爱江南鱼米乡，屯溪古镇更情长。小华山下桃花水，况有茶香与墨香。《咏茶》

春风春日采新茶，生产徽州天下夸。屯绿祁红好姊妹，淡妆浓抹总无瑕。《咏茶》

第六单元　丰子恺偏爱茶馆

丰子恺先生以其诗趣画意、富有橄榄味哲理的作品风格，而成为我国颇有名声的漫画家、散文作家。他在1963年出版的《丰子恺画集》的《代自序》诗中曾说："最喜小中能见大，还求弦外有余音。"丰子恺先生最好写生的地方是茶馆。他在1935年3月6日杭州写的一篇叫《荣辱》的散文里，就写了他的一册速写簿遗忘在西湖的一家小茶店里了，"茶店老板娘已经代我收藏，第二个顾客坐到我这位置里去吃茶了，看了这册东西，也一定不会吃没我的"。这些都足以证明，丰子恺先生不仅在家乡桐乡的石门湾茶馆里是常客，而且在上海、杭州、桂林，每每他所到的茶馆也是座上客。这种"艺源生活"的深切生活感受正是他丰硕创作的源泉。

漫画照片

《人散后,一钩新月天如水》是1924年刊登在朱自清、俞平伯合编的《我们的七月》上的丰子恺发表的第一幅漫画。画左是竹帘半卷,新月一钩,净天如水。已是茶尽人散,但临窗小几上,茶盅里似还袅袅散放着余香。画右题古诗一句:"人散后,一钩新月天如水。"当年年仅27岁的丰子恺先生,就此寥寥数笔,便勾勒了这幅诗意盎然的茶楼小景,那隽永蕴馨的古诗名句,那透着真情的熟悉画面尤感对画如品茗,耐人寻味。

丰子恺先生在他晚年回忆画集《敝帚自珍》中又画了一幅《人散后,一钩新月天如水》,依旧是那一钩新月,依旧是那天净如水,只是茶杯代替了昔日壶盅,茶几的两边又添了一对藤椅;依旧是那寥寥数笔,带着更多亲切,更多真情,更多诗趣。

丰子恺先生的《敝帚自珍》画集中还有一幅《吃茶图》。画右凉亭中坐着一位自斟自饮的茶客,对面是拟人化的桂林山石,画上题诗为:"青山个个伸头看,看我庵中吃苦茶。"落款:"子恺于阳朔。"这是他1938年游桂林时,画过内容类似的画,此幅为他晚年回忆之作。当年,他在桂林的"茶"不好吃,是"苦茶"。那时正逢抗战节节失利,他内心非常复杂,虽已到了"山水甲天下"的桂林境地,但毕竟是逃难而来,所以,他人在看山,青山个个伸头在观望这位吃"苦茶"的不速之客,大有黑色幽默之感。

第七单元　林语堂三泡品茶味

现代著名文学家林语堂是闽南漳州人，受闽南功夫茶熏陶而善品茶，他根据喝茶经验，提出"三泡"说："严格地说起来，茶在第二泡时最为妙。第一泡譬如一个十二三岁的幼女，第二泡为年龄恰当的十六岁的女郎，而第三泡则是少妇了。"以佳人喻茶，新颖而富有情趣。明代许次纾也有"三泡"说法，他在《茶趣》中说："一壶之茶，只堪再巡，初巡鲜美，再则甘醇，三巡意欲尽矣。"茶多喝好，还是少喝好？浓茶好还是淡茶好？什么时候喝茶好？仁者见仁，智者见智，《饮茶歌诀》说得好："烫茶伤人，糖茶和胃，姜茶治痢；饭后茶消食，酒后茶解醉，空肚茶心慌；午茶提神，晚茶失眠；隔夜茶伤脾，过量茶消瘦；淡茶温饮，清香养人。"

茶俗、茶馆、茶文艺

藏族酥油茶

藏族的一种饮料。多作为主食与糌粑一起食用。此种饮料用酥油和浓茶加工而成。先将适量酥油放入特制的桶中，佐以食盐，再注入熬煮的浓茶汁，用木柄反复捣拌，使酥油与茶汁融为一体，呈乳状即成。与藏族毗邻的一些民族，亦有饮用酥油茶的习惯。

蒙古奶茶

蒙古奶茶是蒙古族牧民日常生活中不可缺少的饮料。奶茶所用的茶叶是青砖茶。因为砖茶含有丰富的维生素C、单宁、蛋白质、酸、芳香油等人体必需的营养成分。奶茶的一般做法是先将茶捣碎，放入白水锅中煮。茶水烧开之后，煮到茶水较浓时，用漏勺捞去茶叶之后，再继续烧片刻，并边煮边用勺扬茶水，待其有所浓缩之后，再加入适量鲜牛奶，用勺扬至茶乳交融，再次开锅即成为馥郁芬芳的奶茶了。

品尝奶茶的优劣也以茶色、香气、形态和味道四个方面进行，而且需要细细品尝，才能够体会到其味道之美。要熬出一壶醇香沁人的奶茶，除茶叶本身的质量好坏外，水质、火候和茶乳也很重要。一般来说，可口的奶茶并不是奶越多越好，应当是茶乳比例相当，既有茶的清香，又有奶的甘酥，二者偏多偏少味道都不好。还有，奶茶煮好后，应即刻饮用或盛于热水壶以备饮用，因在锅内放的时间长了，锅锈影响奶茶的色、香、味。

在多数地方喝奶茶要加少许食盐，但也有的地方不加食盐，只是把盐碟放在桌上，喜欢喝盐味的就加盐，不喜欢盐味的则不加盐。牧民喝奶茶时，还要泡着吃些炒米、黄油、奶豆腐和手抓肉，这样既能温暖肚腹，抵御寒冷的侵袭，又能帮助消化肉食，还能补充因吃不到蔬菜而缺少的维生素。所以，在牧区有一句俗话说："宁可一日无食，不可一日无茶。"的确，蒙古族牧民的一天就是从喝奶茶开始的。这种嗜好在蒙古族是作为一种历史文化表现延续至今。当你每天早晨吃早点的时候，新老朋友拥壶而坐，一面细细品尝令人怡情清心的奶茶，品尝富有蒙古民族特点的炒米、奶油和糕点，一面谈心，论世事，喝得鼻尖冒出了汗，正是体现了俗话所说"有茶之家何其美"的景象。

七轩茶

中国中部到南部地区流传着喝"七轩茶"的风俗习惯，尤以安徽省和苏州一带最为盛行。

所谓七轩茶,就是向不同姓氏的七户人家收集七种茶叶,其实按照古老的规矩,应该是向一百户人家收集茶叶,但由于一百户太多,所以才改为象征性的七户人家。据说让孩子喝下这些茶叶所泡出来的茶,便能终生保持身体健康。所以,父母长辈们通常会为孩子的健康举行七轩茶仪式;而且喝下这种茶后可以治疗胃病,不仅对孩子有利,对大人也有益。据说,收集茶的时间选在立夏这天。

此外,还有一种"添盆"的仪式,就是在刚出生的孩子身边放置一张小茶几,茶几上是一个盆子,盆里放着鸡蛋(称喜果),还有龙眼肉、荔枝、花生、胡桃等,另加放一根葱、一块生姜、一团艾草、一碗清茶,旁边再置肥皂、小梳子、小刷子。

福建功夫茶

武夷岩茶首重岩韵,味以"香、清、甘、活"者为上,十分讲究"山骨、岩韵、杯底香"等。

品茶时,应先嗅其香,再看其色,三品其味,后观叶色。品茶是精神感应,高层次文化享受,因而要慢酌细啜,徐徐入口。古人云:小杯曰品,大杯饮驴。牛饮只可解渴,小杯方能品出味,领略情趣。初品者体会是一杯苦,二杯甜,三杯味无穷;嗜茶客更有"两腋清风起,飘然欲成仙"之感。品茶时,如将所泡过的茶叶放入清水中,观看叶色,为"绿色红镶边",这是武夷岩茶之特征。

成都盖碗茶

盖碗茶是成都市的"正宗川味"特产。凌晨早起清肺润喉一碗茶,酒后饭余除腻消食一碗茶，劳心劳力解乏提神一碗茶，亲朋好友会聚聊天一碗茶，邻里纠纷消释前嫌一碗茶，已经是古往今来成都城乡人民的传统习俗。

成都的盖碗茶，从茶具配置到服务格调都引人入胜。用铜茶壶、锡杯托、景德镇的瓷碗泡成的茶，色、香、味、形俱配套，饮后口角噙香，而且还可观赏到一招冲泡绝技。大凡盖碗茶的茶馆中，堂倌边唱诺边流星般转走，右手握长嘴铜茶壶，左手卡住锡托垫和白瓷碗，左手一扬，"哗"地一声，一串茶垫脱手飞出，茶垫刚停稳，"咔咔咔"，碗碗放入了茶垫，捡起茶壶，蜻蜓点水，一圈茶碗，碗碗鲜水掺得冒尖，却无半点溅出碗外。这种冲泡盖碗茶的绝招，往往使人又惊又喜，成为一种美的艺术享受。

茶与婚俗

茶与婚俗的关系，简单来说，就是在缔婚中应用、吸收茶叶或茶文化作为礼仪的一部分。其实，茶文化的浸渗或吸收到婚礼之中，是与我国饮茶的约定成俗和以茶待客的礼仪相联系的。

旧时，男娶女嫁时，男方要用一定的彩礼把女子"交换"或"买"过来。

由于婚姻事关男女的一生幸福，所以，以大多数男女的父母来说，彩礼虽具有一定的经济价值，但更重视和更多的还是那些消灾佑福的吉祥之物。茶在我国各族的彩礼中，有着特殊的意义。这一点，明人郎瑛在《七修类稿》中有这样一段说明："种茶下子，不可移植，移植则不复生也，故女子受聘，谓之吃茶。又聘以茶为礼者，见其从一之义。"从字面上看，好似只讲茶在婚礼中的意义，与茶叶的列入缔婚彩礼无关。其实，只要稍加分析，还是能够理出茶在婚姻礼仪中的一个发展过程的。

《七修类稿》是明代嘉靖、隆庆年间的一部作品，从中可以看到当时彩礼中的茶叶，已非像米、酒一样，只是作为一种日常生活用品列选，而是赋予了封建婚姻中"从一"的意义，从而作为整个婚礼或彩礼的象征而存在了。这就是说，茶在我国古代的婚礼中，经历过日常生活的"一般礼品"和代表整个婚礼、彩礼的"重要礼品"这样两个阶段。作为生活用品的列选，如《封氏闻见记》所载：古人亦饮茶，"但不如今人溺之甚，穷日尽夜，殆成风俗"，大致最迟不会迟于这本书成书的唐代中期。至于作为首要的彩礼，俗称"女子受聘"，谓之"吃茶"，这极有可能是宋以后的事情。因为，据查考，在唐代以前的婚礼物品中，有反映男尊女卑的东西，但没有要求妇女"从一而终"的礼品。

宋朝是我国理学或道学最兴盛的时期。元朝统治者也推崇理学为"国是"，鼓吹"存天理，灭人欲"，所以，要求妇女嫁夫"从一而终"的道德观，不会是宋朝以前，很可能是南宋至元朝这个阶段，由道学者们倡导出来的。我国古代种茶，如陆羽《茶经》所说："凡艺而不实，植而罕茂。"由于当时受科学技术水平的限制，一般认为茶树不易移栽，故大多采用茶籽直播种茶。

但是，也如《茶经》所说，我国古人只是认为茶树"植而罕茂"，并不认为茶树不可移植。可是，道学者们为了把"从一"思想也贯穿在婚礼之中，就把当时种茶采取直播的习惯说为"不可移植"，并在众多的婚礼用品中，把茶叶列为必不可少的首要礼物，以致使茶获得象征或代表整个婚礼的含义了。如今我国许多农村仍把订婚、结婚称为"受茶"、"吃茶",把订婚的定金称为"茶金",把彩礼称为"茶礼"等等,即是我国旧时婚礼的遗留。

  订婚,也叫订亲、定亲、送定、小聘、送酒和过茶等等,民间称法很多。在旧时,订婚是确定婚姻关系的一个重要仪式,只有经过这一阶段,婚约才算成立。我国各地订婚的仪式相差很大,但有一点却是共同的,即男方都要向女家送一定的礼品,以把亲事定下来。如京津和河北一带农村,订婚也称"送小礼";送的小礼中,除首饰、衣料、酒与食品之外,茶是不可少的,所以,旧时问姑娘是否订婚,也称是否"受茶"。送过小礼之后,过一定时间,还要送大礼(有些地方送大礼和结婚合并进行),也称"送彩礼"。大礼送的衣料、首饰、钱财比小礼多,视家境情况,多的可到二十四抬或三十二抬。但大礼中,不管家境如何,茶叶、龙凤饼、枣、花生等一些象征性礼品,均是不可缺少的。茶叶当然还带有"从一"的含义。女方收到男家的彩礼以后,随即也要送嫁妆和陪奁,经过这些程序以后,才算完聘。女方的嫁妆也随家庭经济条件而有多寡,但不管怎样,一对茶叶罐和梳妆盒是省不掉的。

  茶叶在婚礼中作为"从一"的象征,过去主要流行于汉族中间。但是,我国多数民族都有尚茶的习惯,所以,在婚礼中用茶为礼的风俗,也普遍流行于各个民族。如云南佤族订婚,要送三次"都帕"(订婚礼):第一次送"氏族酒"六瓶,不能多也不能少,另再送些茶叶、芭蕉之类,数量不限。第二次送"邻居酒",也是六瓶,表示邻居已同意并可证明这桩婚事。第三次送"开门酒",只一瓶,是专给姑娘母亲放在枕边晚上为女儿祈祷时喝的。云南西北纳西族称订婚为"送酒",送酒时除送一罐酒外,还要送茶二筒、糖四盒或六盒,米二升。云南白族订婚多数和汉族一样,礼物中少不了茶。如大理区洱海边西山白族"送八字"的仪式中,男方送给女方的礼物中就都有茶。例如住在洱源的白族男女合过"八字"可以成婚的话,男方要向女家送"布一件,猪肉三块(一块带尾),火腿一只,羊一只(宰好),茶叶二两,银圈一个,耳环一对和现金若干,并附'八字帖'一张"。女方把礼物收下,婚事也就算定了下来。居住在云龙的白族订婚的礼物为"衣料四包,茶二斤,猪肉半片或一只腿"等。

至于迎亲或结婚仪式中用茶的情况,有作礼物的,但主要用于新郎、新娘的"交杯茶"、"和合茶",或向父母尊长敬献的"谢恩茶"、"认亲茶"等仪式。所以,有的地方也直接称结婚为"吃茶"。汉族"吃茶"和订婚的以茶为礼一样,茶在这里都带有"从一"的意思;但我国其他民族结婚时赠茶和献茶,则多数只作为生活中的一种礼俗。如云南大理区的白族结婚,新娘过门以后第二天,新郎、新娘早晨起来以后,先向亲戚长辈敬茶、敬酒,接着是拜父母、祖宗,然后夫妻共吃团圆饭,至此撤棚宣告婚礼结束。洱源白族结婚,一般头天是迎亲,第二天正客(正式招待客人),第三天闲客(新娘拜客);新婚夫妇向客人敬茶是在第三天。在接见时,男方还要分别向新娘及其父母、兄弟送礼。送给新娘的礼物,主要是成亲当天新娘穿戴用的服饰;送给新娘父母的有布二件,其他主要是猪肉、羊肉和酒茶一类女方谢客用的食品;送给新娘弟弟的礼物为……"酒半壶,茶叶二两,猪肉一方"。很明显,洱源白族结婚时,茶叶不送新娘及其父母,只送给其弟弟,这种茶,在婚礼中就不具有汉族那样的特殊含义。这一点，还可举滇西北的普米族的婚俗为例。普米族嗜好茶，他们从订婚到结婚也很烦琐，订婚以后要两三年才结婚。宁浪地区的普米族结婚，还残留有古老的"抢婚"风俗。男女两家先私下商定婚期，届时仍叫姑娘外出劳动，男方派人偷偷接近姑娘，然后突然把姑娘"抢"了就走，边跑边高声大喊："某某人家请你们去吃茶！"女方亲友闻声便迅速追上"夺回"姑娘，然后在家再正式举行出嫁仪式。很明显，这里所谓请大家"吃茶"，和汉族婚俗中所说的"吃茶"不是同一回事。再如西北的裕固族，结婚第一天，只把新娘接进专设的小帐房，由女方伴新娘同宿一夜。第二天早晨吃过酥油炒面茶，举行新娘进大帐房仪式。新娘进入大帐房时，要先向设在正房的佛龛敬献哈达，向婆婆敬酥油茶；进房仪式结束后，就转入欢庆和宴饮活动。其中最具特色的是向新郎赠送羊小腿的礼俗，实际是宴饮时由歌手唱歌助兴的一种活动。仪式开始，由两位歌手一位手举带一撮毛的羊小腿，一位端一碗茶，茶碗中间放一大块酥油和四块小酥油。茶代表大海，大块酥油代表高山，然后说唱大家喜爱的"谣答曲戈"（裕固语"羊小腿"）。在裕固族的婚仪中，茶只代表大海的意思。

如前所说，我国大多数民族都嗜好饮茶；我国各族婚礼五光十色，在缔婚的每一个过程中，往往都离不开用茶来作礼仪。所以，上面所举的例子，只是沧海一粟，如果把我国婚礼中派生的茶文化现象全部搜集起来，则将是一幅极其绚丽的历史风俗长卷。

客来敬茶

我国自古就有"客来敬茶"的民俗。早在三千多年前的周朝，茶已被奉为礼品与贡品。到两晋南北朝时，客来敬茶已经成为当时人际交往的社交礼仪。颜真卿《春夜啜茶联句》中有"泛花邀坐客，代饮引清言"。唐代刘贞亮赞美"茶有十德"，认为饮茶除了可健身外，"以茶表敬意"，还能"以茶可雅心"，"以茶可行道"。

汉、蒙古等族交际风俗。汉族以茶待客，历史悠久，唐代已有此俗。其内容和名称因地而异，有七家茶、元宝茶、香茶、功夫茶等。蒙古也称"敬奶茶"，流行于今内蒙古自治区、青海省等地。奶茶是将砖茶掰碎，放水煮开，去掉茶叶，加鲜奶煮沸，根据个人口味，加炒米、盐或糖。文人将茶端至客人面前献与客人，以示对客人的敬意。敬客斟茶通常以斟半杯为礼貌，俗称"茶七酒八"；有的地方则流行三道茶仪式。

第六部分　茗器盛薪海

本部分主要由八个单元组成，此部分为重点实物展示。由茶具的起源、茶具的组成、茶具的选配以及精美的唐代茶具、奢侈的宋代茶具、简约的元明茶具、兴于明的紫砂壶、清代的瓷质茶壶、独特的茶具种类及铭文构成，给观众以形象直观的感觉。

传播目的：主要通过各历史时期的茶具及茶文化的相关实物展示，使观众了解茶文化知识的同时鉴别茶具茗器的优劣与茶艺的关系。

展示内容：各种茶具茗器、图片资料等。

支撑材料：实物、图片、影视、灯箱片、布景箱或数字投影。

解读角度：旅游学、环境学、历史学、文献学。

形式提示：形式风格要唯美、轻松、大气和舒展。

主题说明

第一单元　茶具的起源

茶具一词，最早出现于西汉王褒《童约》中"烹茶尽具"四字，这个"具"是什么样子，名称、质地和用途是什么，现代研究中还不清楚。及至晋代，士大夫们嗜酒饮茶，崇尚清谈，促进了民间饮茶之风的兴起。到了唐代，朝野上下无不饮茶。茶还在佛、道宗教的影响下，成为款待客宾和祭祀神佛、祖先、亡灵的必备品。茶具便成了与饮茶风气密不可分的一个组成部分，茶具的直接视觉感受成为品饮茶的先导。陆羽总结前人用茶、煮茶、制茶、饮茶的方法，写出了世界上最早最完整的茶叶专著——《茶经》，其中就专门讲到了茶具。《茶经》中把采茶、制茶的工具称为"具"，把煮茶、饮茶的工具称为"器"，这和我们现在的称呼不一样。现在所说的茶具，是指煎煮、品饮茶的各式器具。

知识图版：茶具的别名

对于茶具，中国古代茶人非常看重，并且给它们取了一些高雅的名称，如：给风炉取别号为苦节君。其他茶具的名称，见之于《考槃余事》的有：

建城——藏茶的箬笼。

湘筠焙——焙茶的箱子。

云屯——盛泉水的罐。

水曹——洗茶具的桶。

乌府——炭篮子。

鸣泉——煮茶釜。

品司——竹编的篓子，放茶用。

沉垢——放用过的水，盛器。

分盈——水杓。

执权——称茶的秤，当时规定一两茶，二升水。

合香——茶盒。

归洁——洗壶的刷帚。

商象——古石鼎。

降红——火筷子。

啜香——茶杯。

易持——茶杯托。

国风——扇炉之扇。

撩云——茶勺。

所有名称共有27种之多。宋代，对茶具统称"玉川先生"（卢仝号），《茶具图赞》把1、2种茶具称为"十二先生"，并取了姓名。《茶寮图赞》也把茶具分列"十八客"，各取了姓名、字、号。像风炉，尊称为卢相国，取名鼎，字师古，号调和先生。其他茶具还有：砂丞相——名涛，字松声，号鼓浪居士。漆雕秘阁——名承，字易持，号古台老人。竺秘书——名密，字合香，号湘阴公子。霍将军——名扫，字兴迹，号清净真隐。平节度——名则，字公平，号思齐闲人。

第二单元 茶具的组成

现代人所说的"茶具"。主要指茶壶、茶杯、茶勺等这类饮茶器具。事实上现代茶具的种类是屈指可数的。但是古代"茶具"的概念是指更大的范围。唐文学家皮日休《茶具十咏》中所列出的茶具种类就有"茶坞、茶人、茶笋、茶籯、茶舍、茶灶、茶焙、茶鼎、茶瓯、煮茶"。其中"茶坞"是指种茶的凹地。"茶人"指采茶者，如《茶经》说："茶人负以（茶具）采茶也。"

茶具按其狭义的范围是指茶杯、茶壶、茶碗、茶盏、茶碟、茶盘等饮茶用具。中国的茶具种类繁多，造型优美，除实用价值外，也有颇高的艺术价值，因而驰名中外，为历代茶爱好者青睐。由于制作材料和产地不同而分为陶土茶具、瓷器茶具、漆器茶具、玻璃茶具、金属茶具和竹木茶具等几大类。

图版

茶筒：盛茶叶之用。

茶匙：也称茶铲，取干茶之用。

茶漏：放在壶口上，漏取干茶，防止茶叶外漏。

茶食：导取干茶。

茶夹：夹取叶片，欣赏叶底，夹洗杯子。

茶针：疏通壶嘴。

茶托：喝茶时用来托起小茶杯。

1.茶壶

潮人土语叫作"冲罐"，也有叫作"苏罐"的，由于它出自上海市的宜兴，是宜兴紫砂壶中最小的一种。选择茶壶，好坏标准有四字诀，曰："小，浅，齐，老。"茶壶有二人罐、三人罐、四人罐、五人罐等的区别，以孟臣、铁画轩、秋圃、萼圃、小山、袁熙生等制造的最受珍视。壶的式样很多，有小如橘子，大似蜜柑者；也有瓜形、柿形、菱形、鼓形、梅花形等等。一般多有鼓形的，取其端正浑厚故也。壶的色泽也有多种，朱砂、古铁栗色、紫泥、石黄、天青等等。但不管款式、色泽如何，最重大的是"壶宜小不宜大，宜浅不宜深"。由于大就不"工夫"了。

2.茶杯

茶杯的选择也有四字诀：小，浅，白，薄。小则一啜而尽，浅则水不留底，色白如玉用以衬托茶的颜色，质薄如纸以使其能以起香。潮州茶客常以白地蓝花底平口阔，杯底书"若深珍藏"的"若深杯"为珍贵，但已不易得。江西省景德镇和潮州枫溪出品的白瓷小杯也是很好的，俗称为"白果杯"。

3.茶洗

形如大碗，深浅色样很多，烹功夫茶必备三个，一正二副，正洗用以浸茶杯，副洗用以浸冲罐和用以盛洗杯的水和已泡过的茶叶。

4.茶盘

茶盘是用来盛茶杯的，也有各种款式，圆月形、棋盘形等等。但不管啥式样，最重大也是四字诀：宽，平，浅，白。正是盘面要宽，以便就客户人数多寡，可以放多几个杯；盘底要平，才不会使茶杯不稳，易于晃动；边要浅，色要白，这都是为了衬托茶杯、茶壶，使之美观。

5.茶垫

比茶盘小，是用来置冲罐的，也有各种式样，但总之要注意到"夏浅冬深"。冬深是为便于浇罐时多装些沸水，使茶不易冷，茶垫里还要垫上一层"垫毡"，"茶垫"是用丝瓜络按茶垫的形状大少剪成的，所以要用丝瓜络而不用布毡者，为了不产生异味，垫毡的作用是为了保护茶壶，功夫茶在洒茶后还要将茶壶倒置过来以免壶里积水，一箩点的水，也会使茶味变苦，原因是单宁酸溶解了。

6.水瓶与水钵

作用一样，都是用以贮水烹茶的。水瓶，修颈垂肩，平底，有提柄，素瓷青花者最好。也有一种束颈有嘴，饰以螭龙，名为螭龙樽的也不错。

水钵，也是用来贮水以备烹茶的，大小均相等于这个普通花盆，款式也很多。明代制的"红金彩"，用五金釉，描金鱼二尾在钵底，舀水时水动，好像金鱼也动，这是很少见的珍品。

7.龙缸

大龙缸形似庭中栽种莲花之莲缸，或较小些。用以贮存量大的泉水，密盖，下托以木几，放在书斋一角，古色古香。龙缸也是素瓷青花，有明宣德年造的，但很难见到。

8.红泥小火炉

红泥小火炉，潮安、潮阳、揭阳都有制作，式样极其好看。有各种形式，特点是长形，高六七寸，置炭的炉心深而小，这样使火势均匀，省炭，小炉有盖和门，不用时把它一盖一关，既节约，又方便。小炉门边往往还有一副很文雅的对联，益发增添茶兴。

9.砂铫

"砂铫"，潮安枫溪做的最著名，俗称"茶锅"，用砂泥做成，很轻巧，水一开，小盖子会自动掀动，发出一阵阵的声响。这时的水冲茶刚刚合适。至于用钢锅或铝锅来煮水冲茶的，虽然也无不可，但是金属的东西，用以煮水冲茶毕竟要差一些，不算功夫了。

10.羽扇与钢筷

羽扇是用以煽火的，煽火时既须用劲，又不可煽过炉门左右，这样才能保持一定的火候，也是表明对客户的尊重。在这里，可以清楚体验到太极茶道那种道骨仙风的意蕴。所以，特制的羽扇不但有利"功夫"的施展，而且一支用洁白鹅翎编制成的扇，大过掌，竹柄丝穗的精雅，衬托着红、绿、白等各种颜色的茶具，加上金紫色的浓茶，自然别有风趣。钢筷则不仅为了钳炭、挑火，而且可以使主人双手保持清洁。

第三单元　精美的唐代茶具

唐代是中国封建社会的鼎盛时期，经济发展和社会的科技进步，造就了茶业的兴盛，同时也带动了制瓷业的发展。当时全国享有盛名的瓷器有越窑、鼎州窑、婺州窑、岳州窑、寿州窑、洪州窑和邢州窑七处，但产量和质地最好的还是越窑。

实物、图片、照片展示

越窑是中国古代著名的青瓷窑，主要分布在今天的浙江上虞、余姚、宁波、绍兴、鄞县等地。当时茶具主要有碗、瓯、执壶、杯、釜、罐、盏、盏托、茶碾等数种。

王室饮茶，讲究毕其仪，美其器，这也直接促进了茶具的发展，宫廷茶具的质地、造型、材料是民间茶具不能相比的。1987年4月，在陕西扶风县法门寺的地宫中出土了一套唐代宫廷茶具，这套金碧辉煌、蔚为大观的金银、琉璃、秘色瓷茶具，是中国首次发现的唐代最全最高级的一套专用茶具，也是迄今为止中国乃至世界仅见的留存的一套唐代宫廷茶具实物，距今已有一千一百多年的历史。

唐代民间使用的茶具大多是由遍布大江南北的窑场烧造的，以陶瓷为主，茶具配套规模较小，像宫廷茶具成龙配套的则更少。

碗作为唐时最流行的茶具，造型主要有花瓣型、直腹式、弧腹式等种类，多为侈口收颈或敞口腹内收。晚唐，制瓷工匠创造性地把自然界的花叶瓜果等物经过概括，保留其最动人、最形象的特征，运用到制瓷业中，从而设计出葵花碗、荷叶碗等精美的茶具。

中国茶文化历史悠远，茶具作为茶文化的主要部分从我国古代流传至今。我国也是世界陶瓷的发源地，因此我们的祖先很早以前就用陶瓷茶具饮茶了，尤其到了大唐盛世时期，茶文化得到了空前的发展，制作精美的茶具也应运而生，下面请大家鉴赏制作精良的唐代茶具。

1.白瓷茶杯

唐代茶具·白瓷茶杯

此杯造型为撇口直腹，釉色白中泛黄，胎体坚致。装饰上，重视胎质釉色质地之美，不加任何纹饰。

2.五瓣葵口秘色瓷茶碗

唐代茶具·瓷茶碗

瓷茶碗通体高9.4厘米，口径21.4厘米，深7.0厘米，足高2.1厘米，底径9.9厘米，腹斜下收，素面无花纹。

3.青瓷荷叶茶盏、茶托

唐代茶具·茶盏、茶托

这套文物系唐代越窑烧制，系青瓷。由一盏一托组成。盏呈五瓣莲花状，口敞侈，深腹，有圈足；盏托呈四片卷边荷叶状，托中心部下凹形成一定深度，正好与盏的下腹部套合；通体一色青釉，犹如一朵盛开的荷花。

4.釉下彩茶壶

唐代茶具·釉下彩茶壶

此壶高21.7厘米，口径8.0厘米，为灰白色胎，青黄色釉，撇口，矮颈，椭圆形腹，平底，低圈足；壶身通体彩绘，用褐绿相间的联珠纹组合成重叠山峦图案。

第四单元　奢侈的宋代茶具

我国饮茶之风兴于唐而盛于宋。宋代的茶叶生产空前发展，饮茶风气日渐高涨，特别是宋代宫廷贵族、文人学士经常举行茶宴，以品茶为雅的做法，进一步推动了饮茶之风的漫延。王安石所著《临川集》中说："夫茶之为民用等于米盐，不可一日以无。"说明茶叶已成为宋代不可缺少的生活资料。

实物、图版、照片展示

宋代茶具与唐代大致一样。宋代的茶具主要有茶碾、茶罗、茶盏和茶瓶等，饮茶大多不用碗而用盏。为达到斗茶的最佳效果，宋代对茶具的选用更讲究。唐人推崇越窑青瓷茶碗，而宋人崇尚黑釉建茶盏，如斗茶盏（碗口内壁有水痕线），由于黑釉建盏适宜斗茶，因此受到斗茶者的青睐。宋代上层人士饮茶，对茶具的质量要求比唐代更高，宋人讲究茶具的质地，制作要求更加精细。

范仲淹诗云："黄金碾畔绿尘飞，碧玉瓯中翠涛起。"

陆游诗云："银瓶铜碾俱官样，恨个纤纤为捧瓯。"

说明当时地方官吏、文人学士使用的是金银制的茶具。而民间百姓饮茶的茶具，就没有那么讲究，只要做到"择器"用茶就可以了。

第五单元　简约的元明茶具

明代茶具艺术的突出成就，除表现在景德镇瓷器生产的辉煌灿烂外，最值得赞美的便是宜兴紫砂茶具的异军突起。陶壶与陶盏的创制与普及，最为后人称道，使得茶饮活动升华到了修心养性、淡雅处世的最高境界，欣赏性与艺术性的有机结合，造就了一代紫砂精品的风光无限及日后的成就非凡。

实物、图版、照片展示

明代品茶艺术的回归，为紫砂壶的发展奠定了社会基础。明代散茶的直接冲泡，相对于唐宋的煎水煎茶来说，不太容易瀹出茶香，这对清心赏茗会带来一些缺憾，紫砂壶体小壁厚，保温性能好，有助于瀹发与保持茶香，自然就受到了茶人的欢迎。

元代，青花瓷茶具声名鹊起，因为在白瓷上缀以青色纹饰，既典雅又丰富，和茶文化内涵的清丽恬静很一致。青花瓷在烧制技术达到一定高度后，又在艺术造型上不断追求，把流嘴从宋代的肩部移至壶腹部，受到了国内外的推崇。日本茶道开山之祖村田珠光（1423—1502年）最喜爱这种青花茶具，后来日本就把它定名为"珠光青瓷"。

"景瓷宜陶"，并驾齐驱，在烧制、釉色、造型上都有了极高的革新发展。从茶具上说，由于明代把宋以后的"蒸青"进一步改为"炒青"，饮茶方法从煮饮变为泡饮，为宜兴紫砂陶开创了一个前所未有的新纪元。茶具在历史长河中逐步在多样化方面不断增强其艺术性，具有很高的审美价值。在品茶的过程中，欣赏各式的茶具就成为一项自然衍生的程序，一种愉悦的审美过程。

茶具的质地有金、银、铜、锡、漆器、水晶、玛瑙、竹制品及玻璃等。

第六单元　兴于明的紫砂壶

宜兴紫砂工艺以其古朴、典雅、气韵生动的造型艺术，几百年来蜚声海内外，被世人所推崇。随着供春壶的问世，紫砂壶的制作得到了长足的发展，明朝万历年间，出现了董翰、赵梁、元畅、时朋四大制壶高手。随后又有"壶家妙手称三大"的时大彬、李仲芳、徐友泉，及欧正春、蒋时英、陈用卿、陈信卿、闵鲁生、陈光甫等人的渐入佳境，而使明朝紫砂壶的制作千姿百态，方非一式，圆不一相。呈现出一派欣欣向荣、后继有人的喜人景象。

实物、图版、照片展示

紫砂创始在何时，在中国陶瓷史上一直是悬而未决的问题。明、清时代的史籍中明确地说，紫砂陶器创始于明代弘治、正德年间，金沙寺的和尚和书童是创始人。如明周高起在《阳羡名壶系——创始篇》中说："金沙寺僧，逸其名，闻之陶家云：僧闲静有致，习兴陶缸翁者处，拣其细土，加以澄练、捏筑为胎，规而圆之，刳使中空，踵传口柄盖的，附陶家穴烧成，人遂传用。"

周容《宜兴瓷壶记》说："今吴中较茶者，必言宜兴瓷，始万历，大朝山寺僧（即金沙寺僧）传供春者，吴氏小吏也。"供春和吴氏是何许人呢？《宜兴县志》记载说：供春是明正德年间（1504—1521年）提学副使吴颐山随带的书童，吴读书于湖㳇金沙寺中（此寺今仍尚存遗址）。吴梅鼎的《阳羡茗壶赋》说："彼新奇兮万变，师造化兮之功。信陶壶之鼻，亦天下之良工。"

1976年，宜兴红旗陶瓷厂在施工中发现了紫砂古窑遗址，才得到证实宜兴陶瓷生产始于新石器时代。宜兴是个古老的县，始设县于秦。远在新石器时代，勤劳的人民就在这里开创了原始陶瓷生产活动。先后多次进行了考古调查发现古文化遗址七处，其中就有新石器时代遗址五处。古窑址近百处，其中有汉代窑址三处，六朝窑址三处，隋、唐、五代窑址九处，宋、元窑址二十处，明、清窑址六十多处。

第七单元　清代的瓷质茶壶

我国茶具最早以陶器为主。瓷器发明之后，陶质茶具就逐渐为瓷质茶具所代替。瓷器茶具又可分为白瓷茶具、青瓷茶具和黑瓷茶具等。

实物、图版、照片展示

1.白瓷茶具

白瓷，早在唐代就有"假玉器"之称。北宋时，景德窑生产的瓷器，质薄光润，白里泛青，雅致悦目，并有影青刻花、印花和褐色点彩装饰。

元代，景德镇因烧制青花瓷而闻名于世。青花瓷茶具，幽靓典雅，不仅为国内所共珍，而且还远销国外。明朝时，在永乐宣德青花瓷的基础上，又创造了各种彩瓷，产品造型精巧，胎质细腻，彩色鲜丽，画意生动，十分名贵，畅销海外，国际上誉我国为"瓷器之国"。

白瓷以江西景德镇为最著名，其次如湖南醴陵、河北唐山、安徽祁门的白瓷茶具等也各具特色。此外，传统的"广彩"茶具也很有特色，其构图花饰严谨，闪烁有光，人物古雅有致，加上施金加彩，宛如千丝万缕的金丝彩线交织于锦缎之上，显示出金碧辉煌、雍容华贵的气派。

2.青瓷茶具

青瓷茶具晋代开始发展，那时青瓷的主要产地在浙江，最流行的是一种叫"鸡头流子"的有嘴茶壶。六朝以后，许多青瓷茶具拥有莲花纹饰。唐代的茶壶又称"茶注"，壶嘴称"流子"，形式短小，取代了晋时的鸡头流子。相传唐时西川节度使崔宁的女儿发明了一种茶碗的碗托，她以蜡做成圈，以固定茶碗在盘中的位置。以后演变为瓷质茶托，这就是后来常见的茶托子，现代称为"茶船子"，其实早在《周礼》中就把盛放杯樽之类的碟子叫作"舟"，可见"舟船"之称远古已有。

浙江龙泉县哥窑生产的青瓷茶具，于十六世纪首次远销欧洲市场，立即引起人们的极大兴趣。唐代顾况《茶赋》云："舒铁如金之鼎，越泥似玉之瓶。"皮日休《茶瓯》诗有"邢客与越人，皆能造瓷器；圆似月魂堕，轻如云魄起"之说；韩偓《横塘诗》则云"越瓯犀液发茶香"。这些诗都赞扬了翠玉般的越窑青瓷茶具的优美。宋时，五大名窑之一的浙江龙泉哥窑达到鼎盛时期，生产各类青瓷器，包括茶壶、茶碗、茶盏、茶杯、茶盘等，瓯江两岸盛况空前，群窑林立，烟火相望，运输船舶往返如梭，一派繁荣景象。

3.黑瓷茶具

宋代福建斗茶之风盛行，斗茶者们根据经验认为建安窑所产的黑瓷茶盏用来斗茶最为适宜，因而驰名。宋黎、蔡襄《茶录》说："茶色白，宜黑盏，建安所造者绀黑，纹如兔毫，其坯微厚，烙燿之久热难冷，最为要用。出他处者，或薄或色紫，皆不及也。其青白盏，斗试家自不用。"这种黑瓷兔毫茶盏，风格独特，古朴雅致，而且瓷质厚重，保温性能较好，故为斗茶行家所珍爱。其他瓷窑也竞相仿制，如四川省博物馆藏有一个黑瓷兔毫茶盏，就是四川广元窑所烧制，其造型、瓷质、釉色和兔毫纹与建瓷不差分毫，几可乱真。

浙江余姚、德清一带也曾出产过漆黑光亮、美观实用的黑釉瓷茶具，最流行的是一种鸡头壶，即茶壶的嘴呈鸡头状，日本东京国立博物馆至今还存有一件，名叫"天鸡壶"，被视作珍宝。

4.景德镇瓷器

北宋景德元年（1004年），真宗赵恒下旨，在浮梁县昌南镇办御窑，并把昌南镇改名为景德镇。这时景德窑生产的瓷器，质薄光润，白里泛青，雅致悦目，而且已有多彩施釉和各种彩绘。当时彭器资《送许屯田诗》曾有这样的评价："浮梁巧烧瓷，颜色比琼玖。"

到元代，景德镇因烧制青花瓷而闻名于世。青花瓷茶具，淡雅滋润，不仅为国内所共珍，而且还远销国外。

明代时，景德镇已成为全国制瓷中心。景德镇在生产青花瓷的基础上，又先后创造了各种彩瓷，产品造型小巧，胎质细腻，彩色鲜丽，画意生动，在明代嘉靖、万历年间被视同拱璧。明代刘侗、于奕正著的《帝京景物略》一书中有"成杯一双，值十万钱"之说。

清代各地制瓷名手云集景德镇，制瓷技术又有不少创新。到雍正时，珐琅彩瓷茶具胎质洁白，通体透明，薄如蛋壳，已达到了纯乎见釉、不见胎骨的完美程度。这种瓷器对着光可以从背面看到胎面上的彩绘花纹图，有如"透轻云望明月"，"隔淡雾看青山"。制作之巧，令人惊叹。

景德镇向来重视瓷釉色彩，宋、元时期，景德镇瓷窑已有三百多座，颜色釉瓷已占很大比重。到了明、清时代，景德镇的颜色釉取众窑之长，"尽人工之巧"，承前启后，造诣极高，创造了钧红、祭红和郎窑红等名贵色釉。祭红娇而不艳，红中透紫，色泽深沉而安定。古代皇室用这种红釉瓷做祭器，因而得名祭红。因烧制难度极大，成品率很低，所以身价极高。古人在制作祭红瓷时，很名贵的原料如珊瑚、玛瑙、玉石、珍珠、黄金等都在所不惜。郎窑红又叫宝石红，色调鲜艳夺目，绚丽多彩，亦很受人喜爱。如今景德镇已恢复和创制七十多种颜色釉，如钧红、郎窑红、豆青、文青等已赶上或超过历史最好水平，还新增了火焰红、大铜绿、丁香紫等多种颜色釉。这些釉不仅用于装饰工艺陈设瓷，也用以装饰茶具等日用瓷，使瓷器"白如玉、薄如纸、明如镜、声如磬"的特点更加发扬光大。

5.福建德化瓷

宋朝福建烧制瓷器，有闽北建瓯、建阳和邵武、秦宁、建宁等地。茶具都以斗茶用的为多，形式也极不一致。宋末元初在泉州德化开始建有瓷窑，所产瓷器洁白可爱（《福建通志》）。唐宋时期，景德镇白瓷茶具和龙泉青瓷茶具都由泉州出口，对福建泉州烧瓷影响很大，德化瓷可能是江西、浙江瓷窑传播过去的。

据福建考古工作队对德化屈斗宫窑址的发掘，德化瓷器种类很多，有碗、盘、壶、罐、洗、盅等十多种。造型雅致，色泽有黄有灰，色调怡人，丰富多彩。德化永春所制瓷器成为泉州出口的主要商品。据考证，德化瓷器有高足杯、军持、执壶和花瓶等。在日本、印尼和印度等地均有发现。

6.湖南醴陵瓷

湖南瓷器的特点是瓷质洁白，色泽古雅，音似金玉，细腻美观。醴陵的釉下彩瓷，更是誉满中外的传统产品，在1915年巴拿马国际商品博览会上曾获一等金牌奖。如今醴陵群力瓷厂继承和发扬这里特有的生产工艺而制造的釉下彩茶具等，其画面犹如穿上一层透亮的玻璃纱，洁白如玉，晶莹润泽，层次分明，立体感强。这种餐具和茶具装饰淡雅，造型新颖，配套齐全，既实用又富有艺术性。十多年来，这些餐具和茶具一直在北京人民大会堂的宴会厅内使用，受到国内外来宾的赞赏，被誉为陶瓷艺术国里的明珠。1979年，醴陵釉下彩茶具和景德镇青花瓷器一起，分别被评为全国优质产品，荣获金质奖。

7.龙泉青瓷

浙江龙泉青瓷，以造型古朴挺健、釉色翠青如玉著称于世，是瓷器中的一颗灿烂明珠，被人们誉为"瓷器之花"。龙泉青瓷产于浙江西南部龙泉县境内，这里林木葱茏，溪流纵横，是我国历史上瓷器的重要产地之一。南宋时，龙泉已成为全国最大的窑业中心。其优良产品不但成为当代珍品，也是当时皇朝对外交换的主要物品，特别是造瓷艺人章生一、章生二兄弟俩的"哥窑"、"弟窑"，继越窑有发展，学官窑有创新，因而产品质量突飞猛进，无论釉色或造型都达到了极高造诣。因此，哥窑被列为五大名窑之一，弟窑亦被誉为名窑之巨擘。

（1）哥窑瓷　　胎薄质坚，釉层饱满，色泽静穆，有粉青、翠青、灰青、蟹壳青等，以粉青最为名贵。釉面显现纹片，纹片形状多样，纹片大小相间的，称为"文武片"，有细眼似的叫"鱼子纹"，类似冰裂状的称"白坂碎"，还有"蟹爪纹"、"鳝血纹"、"牛毛纹"等。这本来是因釉原料收缩系数不同而产生的一种疵病，但人们喜爱它自然、美观，反而成了别具一格的特殊美。它的另一特点是器脚露胎，胎骨如铁，口部釉隐现紫色，因而有"紫口铁脚"之称。

（2）弟窑瓷　　造型优美，胎骨厚实，釉色青翠，光润纯洁，有梅子青、粉青、豆青、蟹壳青等。其中以粉青、梅子青为最佳。滋润的粉青酷似美玉，晶莹的梅子青宛如翡翠。青瓷艺人向来追求"釉色如玉"，弟窑产品可谓达到了这样的艺术境界，其釉色之美，至今世上尚无匹敌。器物的棱沿部分微露白痕，称为"出筋"，底部呈现朱红，称为"朱砂底"。有的不加任何装饰，却给人以清新活泼之感，有的却做巧妙装饰，如在瓶肩上饰一只虎、一条龙或两只远眺的凤鸟，神态逼真，栩栩如生；有的将碗口沿做成荷叶状，中间伏着一只龟，或洗内刻双鱼，别有风韵。

第八单元　独特的茶具种类及铭文

茶具的种类繁多，大致分为金属茶具、瓷器茶具、紫砂茶具、漆器茶具、竹木茶具、玻璃茶具、搪瓷茶具等。不论在古代还是在现在，一些文人雅士都有在茶具上刻铭的爱好。所以制作茶具时在茶具上刻一些铭文来装饰或者说是提高品茗时的意境。因此在器物上刻画的文字叫铭文。

实物、图版、照片展示

1.金属茶具

金属用具是指由金、银、铜、铁、锡等金属材料制作而成的器具。它是我国最古老的日用器具之一，早在公元前十八世纪至公元前221年秦始皇统一中国之前的一千五百年间，青铜器就得到了广泛的应用，先人用青铜制作盘盛水，制作爵、尊盛酒，这些青铜器皿自然也可用来盛茶。自秦汉至六朝，茶叶作为饮料已渐成风尚，茶具也逐渐从与其他饮具共用中分离出来。大约到南北朝时，我国出现了包括饮茶器皿在内的金银器具。到隋唐时，金银器具的制作达到高峰。二十世纪八十年代中期，陕西扶风法门寺出土的一套由唐僖宗供奉的鎏金茶具，可谓是金属茶具中罕见的稀世珍宝。但从宋代开始，古人对金属茶具褒贬不一。元代以后，特别是从明代开始，随着茶类的创新，饮茶方法的改变，以及陶瓷茶具的兴起，才使包括银质器具在内的金属茶具逐渐消失，尤其是用锡、铁、铅等金属制作的茶具，用它们来煮水泡茶，被认为会使"茶味走样"，以致很少有人使用。但用金属制成贮茶器具，如锡瓶、锡罐等，却屡见不鲜。这是因为金属贮茶器具的密闭性要比纸、竹、木、瓷、陶等好，具有较好的防潮、避光性能，这样更有利于散茶的保藏。因此，用锡制作的贮茶器具，至今仍流行于世。

2. 瓷器茶具

瓷器茶具的品种很多，其中主要的有：青瓷茶具、白瓷茶具、黑瓷茶具和彩瓷茶具。这些茶具在中国茶文化发展史上，都曾有过辉煌的一页。

3. 紫砂茶具

紫砂茶具，由陶器发展而成，是一种新质陶器。它始于宋代，盛于明清，流传至今。北宋梅尧臣的《依韵和杜相公谢蔡君谟寄茶》中说道："小石冷泉留早味，紫泥新品泛春华。"欧阳修的《和梅公议尝建茶》云："喜共紫瓯吟且酌，羡君潇洒有余清。"说的都是紫砂茶具在北宋刚开始兴起的情景。至于紫砂茶具由何人所创，已无从考证。据说，北宋大诗人苏轼在江苏宜兴独山讲学时，好饮茶，为便于外出时烹茶，曾烧制过由他设计的提梁式紫砂壶，以试茶审味，后人称它为"东坡壶"或是"提梁壶"。苏轼诗云："银瓶泻油浮蚁酒，紫碗莆粟盘龙茶。"就是诗人对紫砂茶具赏识的表达。但从确切有文字记载而言，紫砂茶具则创造于明代正德年间。

4. 漆器茶具

采割天然漆树液汁进行炼制，掺进所需色料，制成绚丽夺目的器件，这是我国先人的创造发明之一。我国的漆器起源久远，在距今约七千年前的浙江余姚河姆渡文化中，就有可用来作为饮器的木胎漆碗，距今约四千到五千年的浙江余杭良渚文化中，也有可用作饮器的嵌玉朱漆杯。至夏商以后的漆制饮器就更多了。但尽管如此，作为供饮食用的漆器，包括漆器茶具在内，在很长的历史发展时期中，一直未曾形成规模生产。特别自秦汉以后，有关漆器的文字记载不多，存世之物更属难觅，这种局面，直到清代开始，由福建福州制作的脱胎漆器茶具日益引起时人的注目，才出现转机。

脱胎漆茶具的制作精细复杂，先要按照茶具的设计要求，做成木胎或泥胎模型，其上用夏布或绸料以漆裱上，再连上几道漆灰料，然后脱去模型，再经填灰、上漆、打磨、装饰等多道工序，才最终成为古朴典雅的脱胎漆茶具。脱胎漆茶具通常是一把茶壶连同四只茶杯，存放在圆形或长方形的茶盘内，壶、杯、盘通常呈一色，多为黑色，也有黄棕、棕红、深绿等色，并融书画于一体，饱含文化意蕴；且轻巧美观，色泽光亮，明镜照人；又不怕水浸，能耐温、耐酸碱腐蚀。脱胎漆茶具除有实用价值外，还有很高的艺术欣赏价值，常为鉴赏家所收藏。

5.竹木茶具

隋唐以前，我国饮茶虽渐次推广开来，但属粗放饮茶。当时的饮茶器具，除陶瓷器外，民间多用竹木制作而成。陆羽在《茶经·四之器》中开列的28种茶具，多数是用竹木制作的。这种茶具，来源广，制作方便，对茶无污染，对人体又无害，因此，自古至今，一直受到茶人的欢迎。但缺点是不能长时间使用，无法长久保存，失却文物价值。一直到了清代，四川出现了一种竹编茶具，它既是一种工艺品，又富有实用价值，主要品种有茶杯、茶盅、茶托、茶壶、茶盘等，多为成套制作。

竹编茶具由内胎和外套组成，内胎多为陶瓷类饮茶器具，外套用精选慈竹，经劈、启、揉、匀等多道工序，制成粗细如发的柔软竹丝，经烤色、染色，再按茶具内胎形状、大小编织嵌合，使之成为整体如一的茶具。这种茶具，不但色调和谐，美观大方，而且能保护内胎，减少损坏；同时，泡茶后不易烫手，并富含艺术欣赏价值。因此，多数人购置竹编茶具，不在其用，而重在摆设和收藏。

6.玻璃茶具

玻璃，古人称之为流璃或琉璃，实是一种有色半透明的矿物质。用这种材料制成的茶具，能给人以色泽鲜艳，光彩照人之感。我国的琉璃制作技术虽然起步较早，但直到唐代，随着中外文化交流的增多，西方琉璃器的不断传入，我国才开始烧制琉璃茶具。陕西扶风法门寺地宫出土的由唐僖宗供奉的素面圈足淡黄色琉璃茶盏和素面淡黄色琉璃茶托，是地道的中国琉璃茶具，虽然造型原始，装饰简朴，质地显浑，透明度低，但却表明我国的琉璃茶具唐代已经起步，在当时堪称珍贵之物。唐代元稹曾写诗赞誉琉璃，说它是"有色同寒冰，无物隔纤尘。象筵看不见，堪将对玉人"。难怪唐代在供奉法门寺塔佛骨舍利时，也将琉璃茶具列入供奉之物。宋时，我国独特的高铅琉璃器具相继问世。元、明时，规模较大的琉璃作坊在山东、新疆等地出现。清康熙时，在北京还开设了宫廷琉璃厂，只是自宋至清，虽有琉璃器件生产，且身价名贵，但多以生产琉璃艺术品为主，只有少量茶具制品，始终没有形成琉璃茶具的规模生产。近代，随着玻璃工业的崛起，玻璃茶具很快兴起，这是因为，玻璃质地透明，光泽夺目，可塑性大，因此，用它制成的茶具，形态各异，用途广泛，加之价格低廉，购买方便，而受到茶人好评。在众多的玻璃茶具中，以玻璃茶杯最为常见，用它泡茶，茶汤的色泽、茶叶的姿色，以及茶叶在冲泡过程中的沉浮移动，都尽收眼底，因此，用来冲泡种种细嫩名优茶，最富品赏价值，家居待客，不失为一种好的饮茶器皿。但玻璃茶杯质脆，易破碎，比陶瓷烫手，是美中不足。

7.搪瓷茶具

搪瓷茶具以坚固耐用、图案清新、轻便耐腐蚀著称。它起源于古代埃及，以后传入欧洲。但现在使用的铸铁搪瓷始于19世纪初的德国与奥地利。搪瓷工艺传入我国，大约是在元代。明代景泰年间（1450—1457年），我国创制了珐琅镶嵌工艺品景泰蓝茶具，清代乾隆年间（1736—1795年）景泰蓝从宫廷流向民间，这可以说是我国搪瓷工业的肇始。我国真正开始生产搪瓷茶具，是二十世纪初的事，至今已有七十多年的历史。在众多的搪瓷茶具中，洁白、细腻、光亮，可与瓷器媲美的仿瓷茶杯；饰有网眼或彩色加网眼，且层次清晰，有较强艺术感的网眼花茶杯；式样轻巧、造型独特的鼓形茶杯和蝶形茶杯；能起保温作用，且携带方便的保温茶杯，以及可作放置茶壶、茶杯用的加彩搪瓷茶盘，受到不少茶人的欢迎。但搪瓷茶具传热快，易烫手，放在茶几上，会烫坏桌面，加之"身价"较低，所以，使用时受到一定限制，一般不作居家待客之用。

第七部分　辅助展区

结语

演艺区、休息观赏区

茶艺表演

多媒体宣传区

老谢家茶的形象宣传片

产品展示珍藏区（会议接待室）

老谢家茶产品展示

茶香六百里

——黄山太平猴魁博物馆基本陈列

序　厅

说明："序厅"是整个展览的灵魂，也是博物馆的文化客厅，所以要注重"序厅"的设计，尤其是要选取太平猴魁典型的地理、历史或文化元素，通过艺术化的设计，营造具有太平猴魁地域特色和太平猴魁文化特点的展示氛围和风格，从而突出太平猴魁博物馆的主题。

传播提示："序厅"是陈列的起点，设计时应该是主体突出，造型震撼，构思新颖，给人以丰富的想象空间……"序厅"可以采用主题墙形式或采用徽派风格的"照壁"等形式；总之，"序厅"部分的设计，原则上应该以艺术创作为主，同时考虑内容及材质等。

前　言

说明：前言是基本陈列的前导和切入点，是整个陈列展览的概述；前言的位置在展厅入口处（也就是序厅的位置）。

传播提示：前言的作用是：一方面，通过它观众可以了解陈列展览的基本内容；另一方面，它是通向陈列展览的一扇大门；所以，文字要求优美、精练、概括；既短小精悍，又生动，且有感染力……

茶，是中华民族的举国之饮，发乎神农，闻于鲁周公，兴于唐朝，盛于宋代。历经几千年的茶文化之所以经久不衰，不仅因为喝茶对人体健康有益，更因为品茶是一种极优雅的艺术享受。

太平猴魁始于清朝年间，产于猴坑阴山，1915年在巴拿马万国博览会夺金,自此"猴韵"蜚声中外,在中国众多名茶中为之翘楚。

我们这里所展示的黄山太平猴魁茶文化虽为中国茶文化当中的冰山一角,但仍然希望通过这个展览能够帮助大家了解茶文化的基本内涵,从而使忙碌的现代人进一步感知中国茶文化的经典,享受生活。

第一部分　茶史传千年

传播提示：安徽作为全国产茶大省，在中国茶文化历史上占有重要地位。淮河文化、皖江文化、徽州文化，它们共同构成了安徽文化。而茶文化贯穿于历史、地域和各种文化中，衍生出了包容性极强的安徽茶叶文明史。此处主要展现中国及安徽茶叶的历史悠久和繁荣。通过地缘文化的交融特性，让更多的参访者在了解到深厚的茶历史积淀的同时引发更多饮茶文化和方式的共鸣。

展示及表现形式：在设计这一单元时，应注意中国茶文化及安徽茶文化内容，它可以作为设计中的一个重要元素……本部分应设置展柜，展示中国茶史发展脉络，以不同时期各类茶器加以展示说明。此外可以引用有关茶叶历史的绘画、典籍、书刊等，如《茶经》、《中国茶经》、《茶叶全书》、《安徽茶经》、《徽州茶经》……

支撑材料：展版、实物、文献档案、图片、声像资料、辅助展品、模型、沙盘、灯箱片、布景箱、数字投影……

版面一　进门右侧

版面二　正面

光绪帝御赐"齿德兼全"牌匾

正方猴千记

版面三

茶器实物墙

汉、三国、两晋、南北朝、隋、唐、元、明、清、民国

版面四

1.太平魁尖的诞生：清末，在南京通达茶行，从太平尖茶中选出两叶一芽，取名为太平魁尖（太平猴魁前身）。

2.苏锡岱南洋及旧金山考察回来，组织农工商会开展赛事活动，太平魁尖1912年获金奖。

3.1912年，美国为庆祝巴拿马运河开通，筹备世界博览会，由罗伯特商务特使来中华民国，邀请中华民国政府派员参加。

（1）1914年由中华民国政府选派浙江人陈琪为参展局局长，1914年根据当时1912年参加农工商会展示获奖者为基础，组织并选出精品于1914年底出发至美国参展。

（2）以当时太平茶叶商会，刘敬之会长召集众商选送参展产品。通过各位茶商选送的样品评比，评选出由刘敬之收购猴岗王魁成的茶叶。取"太平"地名，冠猴岗"猴"，是最好、体型最大的，故取名为太平猴魁。

（3）1915年2月，美国巴拿马万国博览会正式开幕。中华民国参赛企业获奖含太平猴魁，获一等金质奖状、奖章。

展柜：奖状、奖章等

第二部分　茶艺名天下

传播提示：中国十大名茶，安徽独占四席。既有历史名茶，也有国礼代表，而且深受大江南北消费者的喜爱。既传承了历史，又发扬了文化，而且与时俱进地让更多不同年龄段的消费者都能喜爱并享受到适合自己的茶品。

茶品多茶树品种也多，为国家级名优茶树种群。其中的各种茶树理化指标均在全国茶树品种中位列前位。优质的树种、优质的生态才能孕育出优质的茶芽和鲜叶。

对黄山太平猴魁的详细解读，从生态环境的营造到生产加工的远程互动，给消费者一个观念上的强化。茶原来可以用更加科学卫生的方法来生产和加工，可以通过科学技术来控制每一颗茶叶的品质，可以让饮茶变得如此安心。

展示及表现形式：在这一单元，设置分布图，多媒体来展示介绍茶叶产区分布、环境、区域、制作技艺等情况。

支撑材料：展版、图片、声像资料、辅助展品、模型、沙盘、灯箱片、布景箱、数字投影……

版面五　进门左边

柿大茶

柿大茶，安徽省省级茶树良种。有性繁殖系。为黄山区太平猴魁茶产地所特有的茶树品种，属灌木型，大叶类，中芽种。是适制太平猴魁茶的最佳品种，也是发展太平猴魁茶生产的必要条件之一。

柿大茶

柿大茶，安徽省省级茶树良种。有性繁殖系。为黄山区太平猴魁茶产地所特有的茶树品种，属灌木型，大叶类，中芽种。是适制太平猴魁茶的最佳品种，也是发展太平猴魁茶生产的必要条件之一。

龙井43

龙井43是中国农业科学院茶叶研究所从龙井群体中选育出来的无性系国家级品种，是国家级优良品种，外形挺秀，扁平光滑，色泽嫩绿，香郁持久，味甘醇爽口。适制红茶和绿茶，尤其适制扁形名优绿茶，适宜在长江中下游茶区种植。最大的特点是育芽能力强，发芽早，发芽整齐密度大。

黄山大叶种

属乔木，大叶种。具有发芽期早、生长周期长、发芽密度大、芽壮和重、茸毛多、产量高等特点。色泽光亮翠绿，茶香好，滋味鲜浓，主要分布在黄山风景区、黄山区和徽州区，国家良种。

祁门槠叶种

祁门槠叶种是黄山地区的国家级茶树良种，祁门槠叶种新梢植株灌木型，分枝密度中等，叶形为椭圆或长椭圆形，叶质柔软。三月中旬越冬芽萌动，发芽整齐，芽头较密。一公顷产干茶1500千克以上，适应性和抗逆性强，尤抗低温，气温在9.3°C时，无明显冻害。

展柜：四大茶树品种叶片标本展示，并附注相应干茶中内含物及其含量。

版面六

太平猴魁产于黄山市黄山区太平湖畔的猴坑一带，境内最高峰凤凰尖海拔750米。太平猴魁的种植环境及鲜叶采摘特别讲究。谷雨前后，当20%芽梢长到一芽三叶初展时，即可开园。其后3—4天采一批，采到立夏便停采，立夏后改制尖茶。

猴魁茶种植环境要求

喜酸怕碱，喜光怕晒，喜暖怕寒，喜湿怕涝。

温度：年平均温度在15.5℃以上，最低温度不低于-8℃。

湿度：茶树生长期间，要求空气相对湿度在80%—90%比较适宜。空气湿度大，一般新梢叶片大，节间长，新梢持嫩性强，叶质柔软，内含物丰富，茶叶品质好。

光照：适当遮光，以保持芽叶的持嫩性；多利用漫射光，可使芽叶中含氮化合物、芳香物质等增加，保证茶叶品质。

土壤：黄壤土，pH 5.0—5.5，土层深厚，腐殖质层在20—30厘米。

版面七　太平猴魁制作要求与技艺

采摘拣尖要求：

采摘过程遵循四拣原则

拣高山茶，不拣低山茶

拣阴山茶，不拣阳山茶

拣生长旺盛的柿大茶棵，不拣其他品种的茶树

拣挺直茁壮的嫩梢，不拣弱梢病枝

拣尖过程遵循八不要原则

对夹叶不要，过瘦不要

过大过小不要，弯曲不要

淡色不要，紫色不要

无芽不要，病虫危害不要

版面八

太平猴魁制作分杀青、毛烘、足烘、复焙四道工序。

1.摊晾：摊晾即轻度发酵，香气显露，青气散发。

杀青：以锅式炒制，杀青叶要求毫尖完整，梗叶相连，自然挺直，叶面舒展。

2.毛烘：将杀青叶摊在烘顶上后，要轻轻拍打烘顶，使叶子摊匀平伏。适当失水后翻到下一烘，当翻到第四烘时，叶质已经干脆，不能再捻。至六七成干时，下烘摊凉。

3.足烘：投叶量250克左右，火温70℃左右，要用棉制软垫边烘边捺，固定茶叶外形。经过5—6次翻烘，约九成干，下烘摊放。

4.复焙：又叫打老火，投叶量约1000克，火温60℃左右，边烘边翻，切忌捺压。足干后趁热装筒，筒内垫箬叶，以提高猴魁香气，故有"茶是草，箬是宝"之说。待茶冷却后，加盖焊封。

微型场景

采茶、分选、摊晾、炒茶、烘茶、装茶、卖茶、泡茶、饮茶（雕塑）

太平猴魁优劣鉴别

太平猴魁的外形是两叶抱芽，平扁挺直，自然舒展，白毫隐伏，有"猴魁两头尖，不散不翘不卷边"之称。叶色苍绿匀润，叶脉绿中隐红，俗称"红丝线"。花香高爽，滋味甘醇，如：香味有独特的"猴韵"，汤色青绿明净，叶底嫩绿匀亮，芽叶成朵肥壮。品饮时能领略到"头泡香高，二泡味浓，三泡四泡幽香犹存"。

1.鉴别真假太平猴魁第一步：看颜色。正宗太平猴魁的颜色是苍绿色，也就是暗绿色。而市面上经常看到的假的太平猴魁的颜色则是鲜绿色，甚至是黑色。之所以会显出黑色，主要是因为商家想要模仿正宗太平猴魁的苍绿色而在茶叶制作过程中掺入了水分。

2.鉴别真假太平猴魁第二步：掂重量。正宗的太平猴魁放在手上时能很明显地感觉到重实感，假的太平猴魁薄如蝉翼，放在手上基本感觉不到茶叶的存在。

3.辨别真假太平猴魁第三步：看外形。正宗的太平猴魁茶叶的部分主叶脉是暗红色，也就是俗称的红丝线，正宗太平猴魁的茶叶是扁平的而且茶叶上有白毫。假的太平猴魁的主叶脉基本上都是半透明状的，而且假的太平猴魁的表面没有白毫。

版面九

中国最早饮茶起源为：

1.苗族、黎族就有把茶叶作为解毒、防病、治病之用。

2.炎帝、黄帝从中原来到长江以南征服了江南各个小部落，统一了各个小苗族和各个小黎族，并统称为黎民百姓。后来才有了神农尝百草，日遇七十二毒，得茶而解之。（图中绘制当时南、北越风情及药用茶事）

3.自西汉就把茶作为宫廷、贵族强身健体、养颜的圣品，平民百姓禁用。（图中绘制：宫廷饮茶图）

4.唐朝李隆基时代，全国多处出现瘟疫，国民体质下降，皇帝为了让国民身体强健起来，增强抵抗力，故而大赦天下，让百姓喝茶，可见于唐代《膳夫经》。陆羽的《茶经》中整理规范了茶的命名、饮茶方式、泡茶要求等，是我国历史上最早的关于饮茶、泡茶的著作。（实物展示及百姓饮茶兴奋图）

5.宋代是文化盛世,把饮茶从物质层面提升到精神追求的境界。有戏茶、演茶、说茶、斗茶等活动。(实物展示及图片展示)

6.清代饮茶,馈赠茶为礼品。

版面十

茶十德

以茶尝滋味,以茶养身体。以茶散腥气,以茶驱病气。以茶养生气,以茶散闷气。以茶利礼仁,以茶表敬意。以茶可雅心,以茶可行道。

版面十一

徽商两大主要交通通道,一是新安江——钱塘江,二是青弋江——长江。

版面十二

1.周恩来与猴魁故事(皖南事变,刘敬之)。

2.新中国1955年、1956年全国各茶评比。

3.周恩来、毛泽东1972年以太平猴魁招待美国总统尼克松。

4.1980年期间,太平猴魁随着计划经济一度改为低档毛峰(因为毛峰要求以芽突显嫩小,而猴魁茶本身初展就体大身魁,改为毛峰占逆势。改猴魁为毛峰也是计划经济时代的产物)。

第三部分　茶香六百里

传播提示：简述黄山六百里太平猴魁企业的历史和传承，重点突出专业和品质。描绘企业愿景和价值观，展示企业荣誉和大事件。让参观者感受到太平猴魁茶本身在脚踏实地地做出自己的贡献。

展示及表现形式：展陈形式采用大型展版，或大屏幕视频。

结　语

　　黄山六百里猴魁茶业有限公司成立于1998年。经过数十年的磨砺，初有成效：在太平猴魁核心产区猴村等地建立了自主产权精品太平猴魁基地1400余亩，另有直接辐射、帮扶基地6000多亩；"订单茶业"连接猴魁核心产区450户茶农；"黄山区三合村猴魁茶专业合作社"应运而生，120户猴魁茶农、几十家猴魁茶庄和上百家形象店及专柜合作共营；搭建了科技支撑平台——黄山区太平猴魁茶业技术研发中心和安徽农业大学产学研基地；素质、技术、经验、责任是六百里队伍的精髓。

流光溢彩·华美可鉴

——甘而可漆器艺术陈列馆基本陈列

前　言

　　漆器是中国古代在化学工艺及工艺美术方面的重要发明。

　　早在新石器时代起人们就认识了漆的性能并用以制器。后历经商周直至明清，中国的漆器工艺不断发展，达到了相当高的水平。尤其是徽州漆器，历代相承，源远流长。

　　据有关资料记载，南宋时期徽州漆器就闻名遐迩，素有"宋嵌徽器"之称誉。明清两代徽州漆器工艺更是空前发展，这时期雕漆、漆画、金漆、雕填、戗金、螺钿、百宝镶嵌等形式争奇斗艳，蔚为大观。它是雕塑和漆绘高度结合的产物。胎体的造型和漆绘的图案与色彩都反映了古徽州人们的审美观念和艺术品味。

　　国家级工艺美术大师、国家级非物质文化遗产徽州漆器传承人甘而可先生以其独特的工艺和韵味为我们提供了徽州漆器优美的造型、画面、纹饰，它肌理紧密复杂，表面光滑，极具东方内敛的审美特质和神秘感；现在它已作为日用、礼器和艺术品渗入到中国人的文化和生活中，使人产生一种前世今生的贯通感，让人自然地回溯历史，并在优雅静穆气息和东方古韵中欣赏着大漆之美的神韵……但无论表现形式如何变化，徽州漆器始终会用它东方式的深邃、幽静和神秘为我们的生活带来与众不同的审美经验和精神享受。

　　图版

　　1.国家级"非遗"传承人荣誉授予仪式现场

2.香港中文大学研讨会上甘而可回答提问

3.与东京国立博物馆馆长西冈康弘、香港中文大学文物馆馆长林业强先生在研讨会上

4.在漱芳斋举行捐赠仪式

5.中国艺术研究院工艺美术研究所客座研究院聘任仪式上王文章部长为甘而可颁发聘书

6.观看故宫库房藏品

7.胡锦涛等领导照片

展版

甘而可所获荣誉

2009年6月，被文化部认定为国家级非物质文化遗产项目代表性传承人（徽州漆器髹饰技艺）。

2010年，作品"红金斑犀皮漆大圆盒"获第十一届百花杯金奖。

2010年9月，受聘为中国艺术研究院工艺美术研究所客座研究员。

2011年2月，作品"红金斑犀皮漆大圆盒"入藏北京故宫博物院。

2012年11月，获评"中国工艺美术大师"荣誉称号。

2013年6月，参加国家图书馆举办的大漆记忆展览。

2013年，获国务院特殊津贴。

展版

甘而可漆艺特点

传承正统徽派漆艺文脉。

扎根于徽派漆艺传统，原料与工艺恪守天然大漆制作古法原则。探寻以精、雅为风貌的徽派漆艺继续深化发展的最大可能性，将徽漆特色的菠萝漆、退光漆、漆砂砚及精细漆面纹饰推向新高度。

完成全程个体创作形式，使传统工艺顺利传承跨越了艰难的一道坎。

漆艺界多程序制作、集团化生产时期多分工而为之，随着时代的发展，漆器已退出生活用品的主流，传统集团化生产的条件基本消失。而现代合理的形式是全程个体工作完成，但这又是非常困难的。甘而可丰富的经验和坚定的追求使其顺利地完成了这一转变。甘而可集绘画、木艺、雕刻等多种技艺于一身，一件器物从胎骨到表面纹样，其间众多复杂的程序皆由一人亲手完成。

重视时代性，坚持创新与精益求精的完美追求。

以任何一种工序绝不存在任何误差，完成的标准是绝无任何工艺瑕疵的最高标准做起，精益求精，能人所不能，创造了徽派漆艺技术层面的新高度。注重漆艺语言的原创性，力求每一件作品都具有新奇的意味，新技巧的层出不穷，成为甘而可作品另一动人的原因。

保持传统文化中正儒雅的气息、风格与追求。

在自身具备的文化修养的支配下，甘而可的作品始终追求中正、儒雅的传统风格，在现代化的今天，更显得难能可贵。

展版

明万历《歙志》

明高濂《遵生八笺·燕闲清赏笺》

明刘侗《帝京景物录》

明黄成《髹饰录》

清道光《徽州府志·卷五·产物》

尧禅天下，虞舜受之，作为食器，斩山而财之，削锯修之，迹流漆墨其上，输之于宫，为食器……舜禅天下。而传之于禹。禹作为祭器，墨染

其外，朱画其内。

——《韩非子·十过篇》

近徽吴氏漆，绢胎鹿角灰磨者，螺甸用金银粒，杂蚌片成花者，皆绝，古未有之。

——明代方以智《物理小识》

髹器则余氏、汪氏俱精。

——明万历《歙志》

程以藩，善制漆器，精者有银胎嵌甸红黑退光诸目……缀补旧物无迹可寻。

——民国《歙县志·方技》

巧法造化，质则人事，文象阴阳。

——明隆庆黄成《髹饰录》

展版

作品照片

展版

茶道

枯枝叶底待欣阳，终是情开暗透芳。日月精华叶底藏，静心洗浴不张扬。悄融四海千河色，暗润千年四季香。窗外闲风随冷暖，壶中清友自芬芳。

琴道

知音一曲百年经，荡尽红尘留世名。落雁平沙歌士志，鱼樵山水问心宁。轻弹旋律三分醉，揉断琴弦几处醒？纵是真情千万缕，子期不在有

谁听？

香道

幽兴年来莫与同，滋兰聊欲洗光风。真成佛国香云界，不数淮山桂树丛。花气无边熏欲醉，灵芬一点静还通。何须楚客纫秋佩，坐卧经行向此中。

——朱熹的《香界》

书道

无芳无草也飘香，石砚研飞墨染塘。笔走龙蛇盘九曲，鸾翔凤翥舞三江。庐山峻岭隐深处，人面桃花映满墙。铁画银钩书万古，春秋雅事一毫藏。

展版

漆器基本知识

1.用漆涂在各种器物的表面上所制成的日常器具及工艺品、美术品等，一般称为"漆器"。

2.生漆是从漆树割取的天然汁液，主要由漆酚、漆酶、树胶质及水分构成。用它作涂料，有耐潮、耐高温、耐腐蚀等特殊功能，又可以配制出不同色漆，光彩照人。

3.徽州漆器品种有镶嵌、刻漆、描金彩绘、磨漆、堆漆五大类、产品有单幅挂屏、排屏、围屏、炕几、书橱、果盘、果盒、花瓶、笔筒、茶叶盒、床头柜、电视机柜、啤酒橱等等。

4.漆器的色泽由过去的黑色，增至现在的天蓝、墨绿、淡绿、奶油、铁锈红、朱砂红以及淡紫、洁白等颜色。

5.漆器工艺品装饰画画面不仅有四季花卉、黄山风光、飞禽走兽、神话故事，而且有《红楼梦》、《西厢记》、《甘露寺》、《百花亭》等古代故事的人物群像。

6.漆器工艺品逐渐增多。1959年至1960年，著名漆器工艺美术师俞金海参加了北京人民大会堂安徽厅内部装饰设计和制作，著名的"迎客松"、"佛子岭水库"、"屏风刻漆百子图"等大型工艺制品以及马鞍山采石矶太白楼、屯溪戴震纪念馆、程大位故居、龙山寺等名联挂匾都留下了他熠熠生辉的漆迹。他还在我国漆器工艺的瀚海中挖掘出了失传已久的汉代珍品漆砂砚和南宋名贵工艺品菠萝漆这两颗明珠，为我国工艺美术事业的发展做出了贡献。1989年，徽州漆器老艺人徐丽华，运用六朝技艺创作现代漆器，利用两年时间制作一对夹纻胎绿沉漆"坐狮"，高2米余，双狮威武，华彩熠熠，造型饱满逼真，如铜铸却轻巧似羽，令人折服。屯溪漆器工艺厂生产的漆器花色品种已达四五十个，六七千件，取材面广，图案新颖，具有浓郁的地方特色，产品远销东南亚、日本和欧美各国。

7.徽州漆器使用的主要原材料有：生漆（植物漆）、桐油、木材、麻布、贝壳、各种天然色彩的玉石、金粉、金箔、金丝以及牛骨、瓦灰、棉纸、猪血等。徽州漆器与中国传统工艺漆器一脉相承，镶嵌漆器是用产自全国各地的天然彩石、贝片、牛骨、蛋壳、珍珠等，通过锯割、雕刻、开纹而嵌在漆版上。纯粹在漆器底色上用彩色绘制图案的，称为彩绘漆器。只用贝片镶嵌在漆版上，与底色一样平整的，称为平磨螺钿漆器。

8.漆器的装饰方法，除了彩绘，还有雕、嵌、描、刻、填、堆、戗等百余种，主要有"脱胎漆"、"螺钿漆"、"彩漆雕填"等类。脱胎漆又叫"夹纻脱胎"，是最早发展的漆器之一。它精致光滑，在漆器上画有花草和诗句，同时可以制作古庙中大型的脱胎佛像。螺钿漆亦称"嵌螺钿"，是用螺钿嵌入漆器，有人物、山水、花木和鸟兽等图形，五光十色。彩漆雕填即刻漆，它是在制作成功的漆器上填上彩色花纹，然后再进行极细致的雕刻，代表这类产品的有屏风，其雕刻的景物细腻动人，具有独特的艺术风格。

结　语

徽州漆器，数千年的风烟，天下美色尽入画，美在不言中，情在不言中。

在工业产品充斥市场的今天，热爱自然的人们，仍然使用和运用传统的漆艺技法，将自己对生活的理解与感悟融入漆艺作品中，体现了人与自然的对话。并将这一悠久的传统文化传承、发展，融入现代生活……

徽州漆器，把最美的时刻，凝固在自己的生命里。人世的欢欣、辛酸和历史的厚重，在它们身上重现。美，在这一刻凝固，得到永恒的生命。

惠世天工·徽州木雕精品艺术陈列

——铜陵市博物馆专题陈列

前 言

徽派传统建筑以其独特的建筑空间和雕刻装饰展现着艺术魅力，赢得世人关注。

明清时期，徽商外出经营致富后，遵循儒家文化传统，纷纷回乡置良田，造豪宅，并以木雕技艺雕梁画栋，进行内部装修，形成了徽派民居木雕艺术特有的装饰风格。徽商在木雕艺术中更多的是追求儒家文化的气息，寓教于屋，让子孙后代在日常起居中，就能处处感受到雕刻艺术在宅门窗口、飞檐梁楣、桌椅床榻上儒家学说及故事。这种潜移默化的儒家文化熏陶，滋养了一代又一代的徽州人，使这里民风淳朴，文化浓郁。

传统的徽州木雕装饰善于从结构上重视牢固与美学协调统一，处理雕刻的地方很有分寸，形象色彩自然得体。根据原材料本色，既能融入在建筑物整体之中，又能像水墨画一样，清新淡雅，为传统建筑锦上添花。

此次展览，我们力求使您身临其境，俯仰四顾，感受到徽州木雕的艺术深邃，在这审美的殿堂中，希望您能流连忘返，让那三分精美、七分雅致的立体画面，给您留下无尽的遐想。

第一部分　肇启雅饰

徽州木雕起源虽不可考,但北宋《营造法式》一书中已专有"雕作"章节,从《营造法式》中兼记一些南方建筑术语和源于江南的建筑构件、建造方法这些方面来看,当时徽州等江南地方建筑技术水平较高,建筑风格亦新颖。

据史料记载,明代徽州,民居及祠庙中已大量使用木雕,清代徽州木雕在明代基础上又有新的发展。徽州木雕的产生,一部分应得益于新安画派的影响,其风格雅健,繁简得宜,表现出高度的文化气息。而文化的基因,使得徽商在木雕艺术中又更多地追求儒家文化,并使其成为具有鲜明的儒家文化特色的木雕艺术流派。

展版一

明代初年,徽派木雕已初具规模,风格拙朴粗犷,以平面浅浮雕手法为主。明中叶以后,随着徽商财力的增强,光耀乡里的意识日益浓厚,木雕艺术也逐渐向精雕细刻过渡,以多层透雕取代平面浅雕成为主流。

展品:选取明代平面浅浮雕展品4—6件。

展版二

明代雕刻粗犷、古朴，一般只有平雕和浅浮雕，借助于线条造型，而缺乏透视变化，但强调对称，富于装饰趣味。

展品：选取明代透雕及平面浅雕作品4—6件。

展版三

清早期，徽商经济已空前繁荣，构成了徽州建筑文化发展的坚实物质基础。同时，由于徽商贾而好儒，乐于投资教育、文化事业，促进了徽州文化的昌盛。因此，徽州人才辈出，在文化领域的各个方面都独树一帜，尤其是绘画、版画、篆刻、雕刻等。文化的发达，提高了雕刻艺术水平。

展品：选取清代早期木雕作品4—6件。

展版四

清代雕刻细腻烦琐，构图、布局吸收了新安画派的表现手法，讲究艺术美，多用深浮雕和圆雕，提倡镂空效果，有的镂空层次多达十余层，亭台楼榭、树木山水、人物走兽、花鸟虫鱼集于同一画面，玲珑剔透，错落有致，层次分明，栩栩如生，显示了雕刻工匠高超的艺术才能。

展品：选取清代透雕、圆雕、高浮雕及平面浅雕作品10—12件。

展版五

徽州山区盛产木材。徽派古建筑物绝大多数都是砖木结构，因此，就有了木雕艺人的用武之地。旧时，徽州木雕多用于建筑物和家庭用具上的装饰，其分布之广在全国首屈一指，遍及城乡，徽州木雕的用材大都就地取材，一般采用质地细密坚韧、不易变形的树种，如樟木、柏木、银杏、楠木、乌桕、枫木、松木等，极少采用红木、紫檀、花梨等硬木材质。

展品：选取上述木雕材质标本展示。

展版六

徽州木雕除了画草图需要的弓把与夹子，常用的工具有以下几种：

叩槌，即敲击凿子用的木锤。

方凿刀，即平口刀。

方弧刀，刀刃稍弧形，用来做出稍有弧度的形状。

圆凿刀，刀刃弧形，用来做出较圆的形状。

挠凿刀，刀口翘起与刀梗成一定角度，用于削平深层其他刀不能触及的地方。

雕刀，刀刃成锐角形，用于刻划线条、花纹。

毛尾刀，镂空雕刻的特制刃刀，形成长锐角形，用于侧面的造型刻划。

展品：选取上述木雕工具标本展示。

展版七

徽州木雕是根据建筑物体的部件需要与可能，采用圆雕、浮雕、透雕等表现手法。

展品：选取圆雕、浮雕、透雕木雕标本展示。

展版八

徽州木雕通常用于梁架、梁托、楼层栏板、华板、窗户等处雕花攒朵，富丽繁华。

徽州木雕装饰部位：隔扇门、隔扇窗、窗栏板、斜撑、挂落、雀替、跑马板、檐条、梁、枋、托、栏杆等部位。木雕的边框一般都雕有缠枝图案，婉转流动，琳琅满目。木雕既考虑美观，又重视实用，大凡窗子下方、天井四周上方栏板、檐条，采用浮雕较多；在梁托、斗拱、雀替以至月梁上使用圆雕较多。特别是窗子下方，隔扇门绦环板部分，往往是木雕装饰精彩之处。

展品：以图示方式表现。

第二部分　古拙神逸

徽州木雕以建筑、家具装饰为主。雕刻的内容题材广泛，有人物、山水、花卉、禽兽、鱼虫、云头、回纹、八宝博古、文字对联，以及各种吉祥图案等。以人物为主的有名人轶事、文学故事、戏曲唱本、宗教神话、民俗风情、民间传说和社会生活等题材；以山水为素材的，主要是各地风景名胜，如黄山、新安江及徽州各县具有代表性的山水风光；以动物、花木图案为内容的，一般呈连续图样形式，亦能独立成画。这些纹饰及图案都寄托着人们的美好理想与追求，体现主人的文化品位和身份地位，有着极高的历史、文化和艺术价值。

展版一：山水寄情

以山水为素材的风景名胜，如黄山、新安江及其他各地具有代表性的山水风光等木雕作品。这些都是各地民间木雕匠师们所熟悉的题材，可谓运用自如，得心应手，表现出浓郁的乡土气息。

展品

山水人物/琴棋书画护窗板2件、竹里桥鸣知马过/柳边人歇待舟归腰板2件、山水人物图之南北斗护窗板1件、徽州四景床板1件。

展版二：历史故事

以文学故事、戏曲唱本、宗教神话为题材，描写帝王将相、才子佳人、贵族生活、文人墨客和宗教神话、先贤事迹等作品。

展品

加官晋爵挑梁2件，文王求贤护窗板1件、封神演义护窗板1件、5长坂坡/郭子仪拜寿护窗板2件、渔樵耕读腰板2件、渔樵耕读腰板2件、陶渊明爱菊/羲之爱鹅腰板2件、周敦颐爱莲/王安石爱梅腰板2件、陶渊明爱菊/羲之爱鹅梁托2件、三国故事腰板2件、刘备招亲雀替2件、桃园三结义门头2件、文王访贤/习武3件、文王访贤窗1件、文王访贤护窗板1件、文王访贤横头1件、文王访贤护窗板1件、文王访贤护窗板1件、赵子龙救阿斗护窗板1件、二十四孝之尝粪忧心腰板1件、五老观太极护窗板1件、红楼梦黛玉之死腰板2件、舜尧斜撑2件、尧帝访舜雀替2件、尧帝访舜床头板1件、哪吒闹海梁托1件、空城计梁托1件、康熙访民情梁托1件、越国公杨素和李密雀替2件、陶渊明爱菊/白居易爱石雀替2件、百忍堂护窗板1件。

展版三：民间习俗

以民俗风情、民间传说和社会生活等题材的木雕作品。如砍柴的樵夫，待耕的农夫，牛背上的牧童，纺车的村姑和饲养家禽家畜，推车、担水、捕鱼、撑船等山区劳动人民形象，以及儿童嬉戏，游艺表演、耍灯、舞龙舞狮、花船、跑驴等民间艺术活动。

展品

八仙过海抽屉板1件、琴棋挑梁板2件、观音募建洛阳桥护窗板1件、童子闹春腰板2件、八仙祝寿护窗板1件、游春护窗板1件、状元及第护窗板1件、摆兵布阵梁托1件、论道护窗板1件、凯旋归来梁托1件、农耕腰板1件、对弈腰板2件、拜师学艺挑梁板1件、琴棋书画斜撑2件、晨练腰板2件、和合二仙斜撑2件。

展版四：瑞兽花卉

以动物、花卉、树木、八宝博古、云头、回纹、几何形体及诗文字图案为内容的木雕作品。如：龙、凤、狮、虎、象、麒麟、鳌鱼及鸡、鸭、鹅、猪、马、牛、羊等家禽家畜。

展品

兰花护窗板2件、杂宝护窗板2件、梅兰竹菊护窗板2件、梅竹石护窗板1件、岁寒三友3件、高风亮节横头1件、杂宝腰板2件、杂宝腰板2件、兰花（名家）护窗板1件、春夏秋冬人物斜撑4件、杂宝护窗板2件、杂宝腰板2件、杂宝小姐窗1件、杂宝小姐窗1件、马翻南山腰板1件、小姐窗3件。

展版五：吉祥如意

以吉祥如意的"喜（喜鹊）、禄（鹿）、封（蜂）、侯（猴）"、"喜事连（莲）年"、"鹿鹤同春"、"三羊开泰"、"五蝠捧寿"、"喜鹊登梅"、"岁寒三友"、"多子多福"、"长寿富贵"等为内容的木雕作品。

展品

松鹤延年/竹外浮香护窗板2件、落叶归根/福禄寿护窗板1件、子孙万代窗板1件、春风得意/状元及第横头1件、福寿双全门头2件、和和美美挑梁板2件、富贵有余腰板3件、马上见喜腰板2件、玉麟加凤腰板2件、喜结良缘横头1件、年年富贵挑梁板2件、清清白白护窗板1件、五子登科腰板2件、鹤鹿归松小板1件、二甲传胪腰板1件、九狮（世）同堂斜撑2件、龙凤呈祥斜撑2件、八仙过海斜撑2件、狮狮（世世）如意斜撑2件、子孙满堂雀替4件、欢天喜地横头1件、欢天喜地/喜上加喜腰板2件、魁星点斗圆雕1件、平安富贵挑梁板2件、福禄寿小板1件、福禄寿喜横头1件、福禄寿腰板1件、福禄寿喜抽屉板2件、双龙盘寿门头1件、瓜瓞绵绵窗2件、金玉满堂小姐窗1件。

结　语

　　爱美是人的天性。由于人们对客观自然界和社会现实、人生、理想都有着自己的理解和看法，于是就需要运用一定的方式将它们表达出来。徽州木雕艺术无疑是一个很好的表现方法，它不仅可以借古喻今抒发人们的喜怒哀乐，而且可以将人们最美好的形象和对美的追求如实地展现出来。它所表现最直接的特征是艺术工匠能够将材质、器形、技法、审美等有机结合，形成自身本体要素，从而给人精神及物质上的愉悦享受。徽派木雕艺术则是众多雕刻艺术的典型代表。它寄寓了传统儒家道德伦理思想以及人们对美好生活的向往，富有浓郁的地方特色。

　　今天，当我们重新审视这种古韵，接近那或富贵厚重、或轻盈灵秀，那斤锯锛凿、攒接回绕之美，感受着记忆朦胧中的庄严，在愉悦的同时，让我们对中国传统民间艺术工匠们的优雅创造表达出深深的敬意。

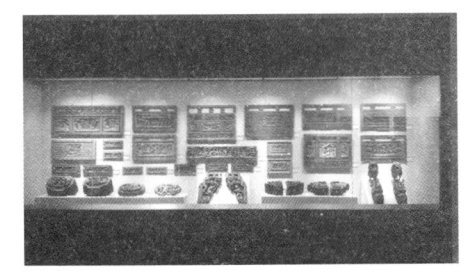

附 件

展陈资料、图片

参轮可使自转,木雕犹能独飞。

——南朝·范晔《后汉书·张衡传》

魏安釐王观翔雕而乐之……吴客有隐游者闻之,作木雕而献之王。

——宋·刘敬叔《异苑》卷十

雕工随处有之,宁国、徽州、苏州最盛亦最巧。

——清·钱泳《履园丛话》

商人致富后即回家修祠堂,建园第,重楼宏丽。

——民国《歙县志》

一技一能,具有偏长者莫不争为第一流人。

——近代国画大师黄宾虹

照片图版

世界文化遗产地:西递、宏村及明清徽州木雕照片。

后 记

作为一个徽州人，我是幸运的，幸运的是从小就生活在这片土地上，耳濡目染着这些年来古徽州所发生的一切，悠闲地体验着徽州人生活习俗中的点点滴滴。

案台上东瓶西镜自鸣钟，始终如一，终（钟）生（声）平（瓶）静（镜）；窗户外砖雕粉墙鸳鸯瓦，淡雅恬静，古意盎然。这便是徽州。

从工作的那天起，我就踏上了穿越时空，感知徽州这条漫长之路。好在命运如我所愿，可以用博物馆的陈列语言向社会大众尽情倾诉，诉说着徽州往日的艰辛与辉煌。

在过去的时间里，徽州曾经的人和事虽渐行渐远，但是那种原本属于上层社会的道德与伦理原则，早就以世俗化的理念悄悄根植于徽州民众的生活。徽州人表面上过的是"山高皇帝远"、"手捧苞芦粿，除了皇上就是我"世外桃源般的生活，骨子里却深藏着民间的地方特色文化，千年传承有序。新安理学、新安医学、新安画派、徽商、徽剧、徽茶、徽菜、徽雕以及徽派篆刻、徽派版画、徽派建筑、徽派漆器……无论在精神文化、制度文化、器物文化层面，徽州人都有着杰出的贡献。

正是有着这样的历史文化背景，这些年，每当在做与徽州相关文化展览文本策划时总是显得兴奋与激动。但是，在展览文本策划的具体落实过程中，由于展示场所、空间、环境的不同，难以满足文本的展示要求，或多或少都会造成一定的遗憾，加上主题、形式、重点、展示方法、功能效用、时间等方面需显示出自身的特点与规律，因此对展览文本策划来说，不仅要有理解、把握学术资料和展品的能力，更重要的是要熟悉展览的传播规律及其表现方式，这样创作的展览文本对形式设计才具有操作性。

《厅里徽州》便是我这些年来对徽州文化的感受，同时也是多年从事博物馆展陈策划工作的积累，这里需要说明的是，书中陈列文本的形成，是在众多专家、学者以及徽州文化爱好者第一手研究资料的基础上形成的，正是他们的辛勤劳动和付出，为我提供了很大的帮助。借这次出版的机会，我谨向支持这本书出版的同行、专家、学者致以最诚挚的谢意。

在这本书的整理和写作过程中，需要特别感谢安徽中国徽州文化博物馆、谢裕大茶文化博物馆、黄山徽派雕刻博物馆、黄山徽茶文化博物馆、黄山太平猴魁博物馆、甘而可漆器艺术陈列馆、铜陵市博物馆为我提供的展示平台，感谢上海美术设计公司、安徽天地间文化产业有限公司等设计施工展陈公司的愉快合作。

此外，这本书的内容，难免存在一些不足之处。在此赘述数语，伏望专家和广大读者不吝指正！

作者
2016年6月12日于昱城

图书在版编目（CIP）数据

厅里徽州 / 章望南著. -- 北京：北京联合出版公司, 2016.7
ISBN 978-7-5502-8066-3

Ⅰ.①厅… Ⅱ.①章… Ⅲ.①文化史—徽州地区
Ⅳ.①K295.42

中国版本图书馆CIP数据核字(2016)第148509号

厅里徽州

责任编辑	夏艳　章懿
责任校对	吕永刚
封面设计	三众工作室
版式设计	大名文化
出版发行	北京联合出版有限责任公司/北京联合天畅发行公司
社　　址	北京市西城区德外大街83号楼9层
邮　　编	100088
电　　话	（010）64256863
印　　刷	北京盛通印刷股份有限公司
开　　本	787mm×1092mm　1/16
字　　数	200千字
印　　张	15.5
版　　次	2016年8月第1版
印　　次	2016年8月第1次印刷
ＩＳＢＮ	978-7-5502-8066-3
定　　价	68.00元

文献分社出品

未经许可，不得以任何方式复制或抄袭本书部分或全部内容
版权所有，侵权必究